Renate Jonas

Effiziente Protokolle
und Berichte

Zielgerichtete Erstellung mit weniger Zeitaufwand

8., neu bearbeitete Auflage

D1719221

Dipl.-Betriebsw. (FH) Renate Jonas

Effiziente Protokolle

und Berichte

Zielgerichtete Erstellung mit weniger Zeitaufwand

8., neu bearbeitete Auflage

Bibliografische Information Der Deutschen Bibliothek

Die Deutsche Bibliothek verzeichnet diese Publikation
in der Deutschen Nationalbibliografie;
detaillierte bibliografische Daten sind im Internet über
http://www.dnb.de abrufbar.

Bibliographic Information published by Die Deutsche Bibliothek

Die Deutsche Bibliothek lists this publication
in the Deutsche Nationalbibliografie;
detailed bibliographic data are available on the internet at
http://www.dnb.de

I S B N 978-3-8169-3263-5

8., neu bearbeitete Auflage 2016
7., überarbeitete Auflage 2009
6., aktualisierte Auflage 2006
5. Auflage 2004
4., aktualisierte Auflage 2003
3., überarbeitete Auflage 2001
2. Auflage 1997
1. Auflage 1995

Bei der Erstellung des Buches wurde mit großer Sorgfalt vorgegangen; trotzdem lassen sich Fehler
nie vollständig ausschließen. Verlag und Autoren können für fehlerhafte Angaben und deren Folgen
weder eine juristische Verantwortung noch irgendeine Haftung übernehmen.
Für Verbesserungsvorschläge und Hinweise auf Fehler sind Verlag und Autoren dankbar.

© 1995 by expert verlag, Wankelstr. 13, D-71272 Renningen
Tel.: +49 (0) 71 59-92 65-0, Fax: +49 (0) 71 59-92 65-20
E-Mail: expert@expertverlag.de, Internet: www.expertverlag.de
Alle Rechte vorbehalten
Printed in Germany
© Umschlagmotiv: Gudrun Ebert

Vorwort

Dieses Buch richtet sich an alle, die sich im Beruf oder im Rahmen einer Prüfungsvorbereitung mit Protokollen und Berichten beschäftigen. Es sollte immer griffbereit sein, wenn es darum geht, sich mit dieser anspruchsvollen Aufgabe auseinanderzusetzen. Es ist ein Buch zum Lesen, aber auch zum Lernen und gezielten Nachschlagen.

Ziel ist es, die Verfasser von Protokollen und Berichten durch Informationen und Anleitungen zu unterstützen. Sie sollen ihre Texte schneller, sicherer und wirkungsvoller erstellen können. Dazu ist theoretisches Grundwissen unentbehrlich. Trotzdem wurde das Buch nicht am „Grünen Tisch" geschrieben, sondern aus der Praxis für die Praxis. Es wurde sehr viel Wert auf Übersichten, Checklisten und Beispiele gelegt.

Ich wünsche den Lesern, dass sie viele Anregungen in diesem Ratgeber finden.

Overath, im August 2016   Renate Jonas

Inhaltsverzeichnis

Vorwort

Teil I   1

1	**Allgemeines zum Berichtswesen**	1
2	**Begriffe**	2
2.1	Protokoll	2
2.2	Bericht	2
3	**Gemeinsamkeiten und Unterschiede von Protokollen und Berichten**	2

Teil II   5

4	**Zwecke des Protokolls**	5
4.1	Das Protokoll als Beweismittel	5
4.2	Das Protokoll als Informationsinstrument	6
4.3	Das Protokoll als Kontrollinstrument	6
4.4	Das Protokoll als Gedächtnisstütze	6
4.5	Das Protokoll als Grundlage für das weitere Vorgehen	6
4.6	Das Protokoll als Grundlage für die Dokumentation	7
5	**Voraussetzungen für das Protokollieren**	7
5.1	Die Wahl des richtigen Protokollführers	7
5.2	Persönliche und sachliche Voraussetzungen	8
6	**Protokollarten**	9
6.1	Einflussfaktoren auf die Wahl der richtigen Protokollart	9
6.2	Verlaufsprotokolle	10
6.2.1	Wörtliches Protokoll	10
6.2.2	Ausführliches Protokoll	11
6.2.3	Kurzprotokoll	12
6.2.4	Die Ergebnisse im Verlaufsprotokoll	13

6.3	Ergebnisprotokoll	13
6.3.1	Das Ergebnisprotokoll als Sofortprotokoll	14
6.3.2	Das Ergebnisprotokoll als Deckblatt für Verlaufsprotokolle	15
6.4	Zusammenfassung der Protokollarten	17
6.5	Protokollähnliche Niederschriften	17
7	**Vorbereitungsphase**	**18**
7.1	Allgemeine Vorbereitungen	18
7.2	Vorbereitung Protokollführer(in)	19
7.2.1	Sachkenntnis	19
7.2.2	Informationen über den Ablauf	20
7.2.3	Informationen über die Teilnehmer	21
7.2.4	Checkliste für die Informationsbeschaffung	21
8	**Aufnahme**	**22**
8.1	Verhalten des Vorsitzenden und der Teilnehmer	23
8.2	Verhalten der Protokollanten	24
8.3	Aufnahmeverfahren	24
8.3.1	Kurzschrift – Langschrift – Notizschrift	24
8.3.1.1	Das Wesentliche notieren	27
8.3.1.2	Checkliste für die Aufnahme	27
8.3.2	Tonband	29
8.3.3	Diktiergerät	29
8.3.4	PC/Laptop	30
8.3.5	Laptop und Beamer	30
8.3.5	Tablet-PC	30
9	**Unterschriftsreife Erstellung des Protokolls**	**30**
9.1	Erste Überarbeitung der Aufzeichnungen	30
9.2	Aufbau des Protokolls	31
9.2.1	Protokollrahmen	32
9.2.1.1	Protokollkopf	32
9.2.1.2	Protokollschluss	44
9.2.2	Protokollhauptteil	46
9.2.2.1	Anordnung des Textes	46
9.3	Sprachliche Gestaltung des Protokolls	49
9.3.1	Sachstil	49
9.3.1.1	Grundsätze	50
9.3.2	Objektivität	51
9.3.3	Angemessene Formulierungen	51
9.3.4	Einleitewörter	57
9.3.5	Darstellungszeit	58

9.3.6	Direkte Rede – indirekte Rede	58
9.3.6.1	Änderung des Personalpronomens	59
9.3.7	Konjunktiv	60
9.3.8	Übungen	63

10	**Nachbereitungsphase**	**68**
10.1	Anerkennung	68
10.2	Verteilen	70
10.3	Stand der Umsetzung	70
10.4	Terminüberwachung	71
10.5	Archivierung	72

Teil III   **73**

11	**Zwecke des Berichtes**	**73**
11.1	Der Bericht als Protokollersatz	73
11.2	Der Bericht als Informationsinstrument	74
11.3	Der Bericht als Gedächtnisstütze	74
11.4	Der Bericht als Ideenspeicher	74

12	**Berichtsarten**	**74**
12.1	Interne Berichte	74
12.1.1	Aktennotizen	74
12.1.1.1	Besprechungsnotizen	75
12.1.1.2	Gesprächsnotizen	75
12.1.1.3	Handlungsnotizen	75
12.1.2	Telefonnotizen	76
12.1.3	Veranstaltungsberichte	76
12.1.4	Interne Mitteilungen	77
12.2	Interne und externe Berichte	77
12.2.1	Geschäftsberichte	77
12.2.2	Sozialberichte	78
12.2.3	Pressemitteilungen	79

13	**Aufbau des Berichtes**	**79**
13.1	Abhängigkeit von der Berichtsart	79
13.2	Berichtsrahmen	80
13.2.1	Berichtskopf	80
13.2.2	Berichtsschluss	83
13.3	Berichtshauptteil	84
13.3.1	Aufbau	84
13.3.2	Inhaltliche Gestaltung	85
13.3.2.1	Bezug zum Adressatenkreis	85
13.3.2.2	Die sieben „ Ws"	86

14   **Sprachliche Gestaltung des Berichtes**..............................88

14.1   Sachstil 88
14.2   Darstellungszeit 88
14.3   Objektivität – Subjektivität 89

15   **Checkliste für das Erstellen von Berichten** 89

Literaturverzeichnis **91**

Stichwortverzeichnis..**92**

Teil I

1 Allgemeines zum Berichtswesen

In vielen Unternehmen und Verwaltungen ist das Erstellen von Protokollen und Berichten ein leidiges Thema. Warum?

Vorgesetzte und Mitarbeiter – unabhängig von der Branche und vom Beruf – müssen damit rechnen, irgendwann einmal mit diesen Aufgaben konfrontiert zu werden. Wann und von wem wurden sie darauf vorbereitet? Im Allgemeinen gar nicht.

Sie stehen daher vor einer Aufgabe, der sie sich zunächst nicht gewachsen fühlen, denn sie wissen oft nicht,

- welchem Zweck die Texte dienen

- welche Protokoll- oder Berichtsart erforderlich ist

- wie umfangreich die Aufzeichnungen sein sollen

- welche Aufnahme- und Übertragungstechnik hilfreich ist

- wie der Text gestaltet und sprachlich abgefasst werden soll.

Die Praktiker suchen nach Lösungen.

Ein sehr häufiger Weg ist die Orientierung an Protokollen und Berichten, die durch Vorgänger und Kollegen erstellt wurden. Eine empfehlenswerte Art der Einarbeitung – vorausgesetzt, die Verfasser beherrschten ihre Aufgabe. Wenn nicht, dann besteht die Gefahr, dass Fehler übernommen werden.

Andere Berichterstatter suchen nach geeigneter Literatur und stellen fest, dass es zu diesen Themen relativ wenige Ausarbeitungen gibt. Dazu kommt, dass das Vorhandene oft sehr einseitig gestaltet ist. Einige Autoren sehen ihre Zielgruppe in den Damen und Herren, die sich auf eine Prüfung vorbereiten. Andere Autoren wenden sich in erster Linie an Verfasser, die einen Entwurf erstellen und die Gestaltung und Formulierung einer Mitarbeiterin oder einem Mitarbeiter überlassen.

Dieses Buch soll allen, die sich mit dem Erstellen von Protokollen und Berichten beschäftigen, zur Einarbeitung oder zur Ergänzung des vorhandenen Wissens dienen.

2 Begriffe

2.1 Protokoll

Ein Protokoll ist – so sagt es der Duden[1] –

- eine förmliche Niederschrift
- ein Tagungs-, Sitzungs-, Verhandlungsbericht
- die Gesamtheit der im diplomatischen Verkehr geübten Formen.

Die letzte Erklärung ist hier nicht von Bedeutung, so dass man aus dem Anfang folgende Definition ableiten kann.

„Ein Protokoll ist eine förmliche Niederschrift über den Verlauf und die Ergebnisse einer Tagung, Sitzung oder Verhandlung. Grundlage sind die während des Ablaufes aufgenommenen Sachverhalte."

2.2 Bericht

Bericht bedeutet nach dem Duden ursprünglich

- Belehrung, Einrichtung, gütliche Beilegung.

Die heutige Bedeutung ist dem Verb gefolgt. Berichten heißt demnach

- Kunde von etwas geben, mündlich oder schriftlich darlegen.

Auf dieser Basis soll die folgende Definition gelten:

„Ein Bericht ist eine nachträglich verfasste Niederschrift über den Verlauf einer Tagung, Sitzung oder Verhandlung."

3 Gemeinsamkeiten und Unterschiede von Protokollen und Berichten

Ein gut funktionierendes Berichtswesen sichert das „Gedächtnis des Unternehmens".

Die Verfasser müssen ihre Protokolle und Berichte konzipieren, formulieren und strukturieren. Was ist dabei zu beachten?

---

[1] Duden, Das Herkunftswörterbuch, Etymologie der deutschen Sprache, Mannheim 2013

Konzipieren

Was sage ich?

Der Sachverhalt ist inhaltlich richtig, im notwendigen Umfang anzugeben. Der Zweck bestimmt, ob die Angaben umfassender oder knapper, eher berichtend oder informierend sein sollen.

Fragen Sie *nicht*

„Was will ich schreiben?"

Fragen Sie

„Was wollen die anderen lesen?
Was will ich später lesen?"

Formulieren

Wie sage ich es?

Verständliche Texte im zeitgemäßen Mitteilungsstil sind ohne Floskeln. Sie sind kurz und knapp – dennoch informativ.

Strukturieren

Wie gestalte ich den Text?

Grundlage sind die „Schreib- und Gestaltungsregeln für die Textverarbeitung, DIN 5008". Zusätzliche interne Schreibregeln berücksichtigen die Besonderheiten des Hauses und sichern die einheitliche Darstellung. Vordrucke erleichtern die Schreibarbeit.

Neben diesen Gemeinsamkeiten gibt es auch Unterschiede, die für Verfasser und Leser gleichermaßen wichtig sind. Je nach Protokoll- und Berichtsart sind sie unterschiedlich stark ausgeprägt.

Unterscheidung

Protokolle	Berichte
Der Sachverhalt wird *während* der Veranstaltung aufgezeichnet.	Der Sachverhalt wird *nach* der Veranstaltung aufgezeichnet.
Die Darstellung muss *objektiv* sein.	Es können auch *subjektive* Eindrücke festgehalten werden. Schlussfolgerungen und Vorschläge des Verfassers können einfließen.
Sie müssen *formal strengeren Anforderungen* gerecht werden, zum Beispiel Aufbau, Orts- und Zeitangaben, Unterschriften.	Es sind *weniger formale Anforderungen* zu beachten.
Sie sind mindestens *für alle Teilnehmer*, oft auch für einen weiteren Kreis bestimmt.	Sie sind entweder nur *für den Verfasser* oder für ihn und *ausgewählte andere* Personen bestimmt.
Da es sich um wichtige Dokumente handelt, werden sie *archiviert*.	Sie werden zunächst abgelegt. Nach Erfüllung des Zwecks *können sie vernichtet* werden.
Die Darstellungszeit ist die *Gegenwart* (Präsens).	Die Darstellungszeit ist überwiegend die *Vergangenheit* (Präteritum/Imperfekt).

Teil II

4 Zwecke des Protokolls

Aufgabe des Protokolls ist es, die in einer Tagung, Sitzung oder Verhandlung erarbeiteten Informationen schriftlich zu fixieren und verwertbar zu machen. Die Verwertung dieser Informationen kann folgenden Zwecken dienen:

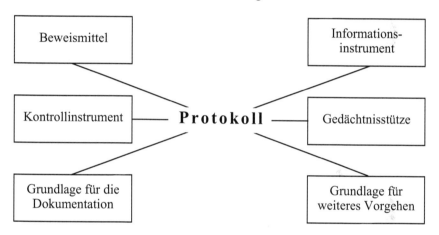

4.1 Das Protokoll als Beweismittel

Das Protokoll liefert Beweismaterial über

- die Äußerungen der Teilnehmer
- die Rechtmäßigkeit von Beschlüssen
- konkrete Aufträge an die Teilnehmer und andere Personen
- die Erteilung von Kompetenzen
- die Einsetzung von Ausschüssen.

4.2   Das Protokoll als Informationsinstrument

Das Protokoll dient bestimmten Personen und Gruppen als Informationsinstrument.

Die Personen, die zum Teilnehmerkreis gehören, aber verhindert waren, finden im Protokoll eine gute Hilfe, um auf dem Laufenden zu bleiben. Je detaillierter die Angaben sind, desto eher sind sie in der Lage, die Erörterungen nachzuvollziehen.

Ein Protokoll kann auch den Zweck haben, Personen und Gruppen zu informieren, die nicht zum Teilnehmerkreis gehören, aber über bestimmte Verhandlungen und Ergebnisse Bescheid wissen müssen. Das können übergeordnete Stellen bis zur Unternehmensleitung sein. Auch externe Stellen oder Personen, zum Beispiel Kooperationspartner, haben oft Interesse an diesen Informationen.

4.3   Das Protokoll als Kontrollinstrument

Mit Hilfe des Protokolls kann eine vorgesetzte Stelle prüfen, wie in der Sitzung gearbeitet wurde und welche Beschlüsse gefasst wurden.

Bei entsprechender Rückkopplung durch die ausführenden und kontrollierenden Stellen kann sie die Durchführung der gefassten Beschlüsse überwachen.

4.4   Das Protokoll als Gedächtnisstütze

Für die Teilnehmer kann das Protokoll eine wertvolle Gedächtnisstütze sein.

Diskussionsbeiträge, Zusammenhänge und Beschlüsse können auch zu einem späteren Zeitpunkt schnell rekonstruiert werden.

Das Protokoll enthält oft konkrete Aufträge an die einzelnen Teilnehmer. Die schriftlichen Ausführungen sind dann eine wichtige Arbeitsunterlage für die Terminplanung und -überwachung durch die Betroffenen und dienen damit der Aufgabenerfüllung.

4.5   Das Protokoll als Grundlage für das weitere Vorgehen

Ein Protokoll kann Grundlage für weitere Verhandlungen sein. Die Teilnehmer stützen sich auf die bereits erarbeiteten Beiträge und Beschlüsse bei früheren Zusammenkünften. Aufgrund dieses Ausgangsmaterials können die Besprechungen zügig und gezielt fortgesetzt werden.

Die Teilnahme an einer Sitzung bedeutet für die Betroffenen, sich von der Vielzahl der anderen Informationen aus dem Unternehmensalltag weitgehend zu lösen und in die Thematik wieder einzusteigen. Mit Hilfe von früheren Protokollen ist es besser möglich, den Bezug zu den Sachverhalten wiederzufinden, fehlende Informationen zu beschaffen und eine Besprechungsstrategie festzulegen.

4.6 Das Protokoll als Grundlage für die Dokumentation

Regelmäßige Protokolle, zum Beispiel über kontinuierliche Sitzungen der Leitung, haben Dokumentationscharakter.

Die Entwicklung einer Gesellschaft, eines Betriebes, eines Vereins oder einer Institution kann sehr gut nachvollzogen werden.

Hierbei wird es sich nicht um den ursprünglichen Zweck der Protokolle handeln. Jedoch ist es durchaus sinnvoll, auch diesen Nebeneffekt mit in Betracht zu ziehen. Eine bessere Grundlage für eine Firmen- oder Vereinschronik gibt es kaum.

5 Voraussetzungen für das Protokollieren

5.1 Die Wahl des richtigen Protokollführers

Die Aufgabe, ein Protokoll zu führen, kann in der Wirtschaft und in der Verwaltung jeden treffen, der an Verhandlungen teilnimmt. Wenn der Protokollführer die Sitzung leitet oder zum Teilnehmerkreis gehört, ist die gleichzeitige Protokollführung besonders schwierig. Für Beteiligte wird es kaum möglich sein, immer die notwendige Objektivität zu wahren. Außerdem verlangt die Protokollführung – je nach Ausführlichkeit der späteren Darstellung – sehr viel Konzentration, die für die aktive Beteiligung am Verhandlungsgeschehen fehlt.

Trotz dieser Nachteile ist die Wahl des Protokollführers aus dem Teilnehmerkreis sehr verbreitet. Das liegt sicherlich zum einen daran, dass als Protokollart immer häufiger Kurz- oder Ergebnisprotokolle gewählt werden. Die genannten Nachteile sind dann nicht so gravierend. Zum anderen wird die Beauftragung einer Sekretärin/Assistentin mit dieser Aufgabe aus Zeit- und Kostengründen nicht in Betracht gezogen. Bei speziellen Themen, bei denen eine besondere Terminologie zugrunde gelegt wird, ist es oft nur Fachleuten möglich, der Diskussion zu folgen und Wesentliches von Unwesentlichem zu trennen.

Die wechselnde Protokollführung durch einzelne Teilnehmer mag zwar eine gerechte Sache sein, ist aber im Hinblick auf die Qualität der Protokolle keine gute Entscheidung. Die persönlichen und sachlichen Voraussetzungen werden von Fall zu Fall verschieden sein, so dass eine Kontinuität und Vergleichbarkeit der Protokolle nicht mehr gegeben ist.

5.2 Persönliche und sachliche Voraussetzungen

Die Anforderungen, die an Protokollführer gestellt werden, hängen natürlich auch von der jeweiligen Situation und der Art des zu erstellenden Protokolls ab. Eine optimale Arbeit ist immer dann gewährleistet, wenn man von folgenden Voraussetzungen ausgehen kann:

**Voraussetzungen für
die Protokollführung**

Persönliche Voraussetzungen	Sachliche Voraussetzungen

Persönliche Voraussetzungen

– Gute Konzentrationsfähigkeit

– Zuhören können

– Geistige Flexibilität

– Ausgeprägtes Urteilsvermögen

– Feinfühligkeit

– Unparteilichkeit zu Sachen und Personen

– Beherrschung der deutschen Sprache in Wort und Schrift

– Fähigkeit, schnell etwas handschriftlich oder mit dem PC/Laptop zu notieren

– Kenntnisse und Erfahrungen über den Aufbau und die Anfertigung von Protokollen

Sachliche Voraussetzungen

– Kenntnis der Tagesordnung

– Überblick über den Verhandlungsgegenstand

– Kenntnis der Sitzungsunterlagen

– Beherrschung von Fachbegriffen und -abkürzungen

– Kenntnis der Satzung und der Geschäftsordnung

– Informationen über den Teilnehmerkreis (Namen, Rang, Sitzordnung, Besonderheiten)

Um die sachlichen Voraussetzungen zu schaffen, muss sich der Protokollführer entsprechend vorbereiten. Wenn er mit dem Sachverhalt, dem Ablauf und den Personen noch wenig vertraut ist, muss er ausreichende Vorbereitungszeit einplanen, und – das ist ebenso wichtig – seine Vorgesetzten müssen ihm diese Zeit auch einräumen.

Alle persönlichen Voraussetzungen in optimaler Ausprägung werden nur bei wenigen Protokollanten zu jeder Zeit gegeben sein. Die Personen können trotzdem für die Protokollführung geeignet sein, denn ein Mangel kann durch eine andere sehr ausgeprägte Eigenschaft kompensiert werden. So haben zum Beispiel viele Mitarbeiter, oft auch Sekretärinnen/Assistentinnen, keine oder nur unzureichende Fertigkeiten in der Kurzschrift. Ein hohes Konzentrationsvermögen und gezieltes Selektieren nach der Wichtigkeit der Beiträge sind dann eine gute Grundlage für rationelles Mitschreiben.

Die persönlichen und sachlichen Voraussetzungen hängen stark von der Lernfähigkeit und Lernbereitschaft der Protokollführer ab. Jede Herausforderung bietet die Chance, etwas zu lernen. Effiziente Protokollführung ist oft das Ergebnis eines ständigen Trainings.

6 Protokollarten

Nach dem Grad der Ausführlichkeit des Protokolls richtet sich die Bezeichnung. Es ist zunächst zu unterscheiden, ob der Verlauf einer Sitzung mit den Ergebnissen dargestellt werden soll oder ob nur die Ergebnisse festgehalten werden sollen.

Der Verlauf einer Sitzung kann mehr oder weniger umfangreich, personen- und sachbezogen oder nur sachbezogen protokolliert werden.

In der Gruppe der Verlaufsprotokolle sind das wörtliche Protokoll, das ausführliche Protokoll und das Kurzprotokoll zu unterscheiden.

6.1 Einflussfaktoren auf die Wahl der richtigen Protokollart

Welche Protokollart im Einzelfall zu wählen ist, hängt je nach Verhandlungsart und Gremium oft von bestimmten Vorschriften ab.

Wenn es solche Regeln nicht gibt, wird der spätere Zweck den Ausschlag für die Wahl der richtigen Protokollart geben. Die Entscheidung hängt in erster Linie davon ab, ob die Informationen ausführlicher oder kürzer, personen- oder sachbezogen sein müssen und ob die Niederschrift nur als Informationsinstrument genutzt oder auch als Beweismittel herangezogen werden soll.

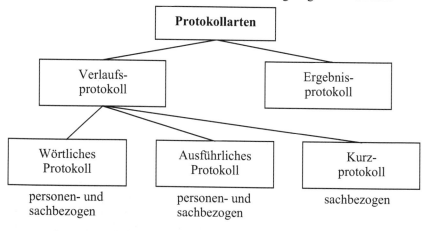

9

Es ist zu bedenken, dass die Art des Protokolls das Verhalten der Besprechungsteilnehmer stark beeinflussen kann. Bei einem ausführlichen Protokoll muss ein Sprecher zunächst einmal damit rechnen, dass jede seiner Äußerungen vom Protokollführer als wichtig erachtet wird. Bei ohnehin schon zurückhaltenden Teilnehmern wird es dann möglicherweise zu wenige oder gar keine konstruktiven Beiträge geben. Von Personen, die sich dennoch gerne spontan äußern, ist vielleicht des öfteren „Das soll aber nicht ins Protokoll." zu hören.

In der Wirtschaft ist ein klarer Trend zu Kurz- und Ergebnisprotokollen festzustellen. Ein Grund liegt darin, dass die Aufnahme- und Übertragungszeiten und auch die Lesezeiten wesentlich geringer sind als bei ausführlichen Protokollen. Dazu kommt, dass bei den meisten Diskussionen und Entscheidungen die Sache im Vordergrund steht. Wer mit welcher Äußerung im Einzelnen dazu beigetragen hat, ist oft sekundär. Bei Kurz- und Ergebnisprotokollen bleibt genügend Raum für Spontaneität und freie Diskussion.

6.2   Verlaufsprotokolle

6.2.1   Wörtliches Protokoll

Für bestimmte Sitzungen, Debatten, Verhandlungen und Konferenzen müssen Wortprotokolle geführt werden. Solche Vorschriften gelten dann, wenn die Abläufe dieser Zusammenkünfte von weitreichender Bedeutung sind.

So kann zum Beispiel für Politiker, Historiker oder Juristen jedes Wort einer Parlamentsdebatte – einschließlich der Zwischenrufe – außerordentlich wichtig sein. Die Beiträge müssen daher unverändert, aber in stilistisch einwandfreier Form, mit Angabe der Sprecher aufgenommen werden.

Trotz moderner Technik schreiben Stenografen die Reden und Beiträge wörtlich mit. Gegenüber der Tonbandaufzeichnung hat diese herkömmliche Art den Vorteil, dass die Namen der Redner und die Zwischenrufe mitgeschrieben und später aufgeführt werden.

Anwendungsbereiche: – Bundestagsdebatten

– Landtagsdebatten

– Stadt- und Gemeinderatssitzungen

– Gerichtsverhandlungen

– wissenschaftliche Konferenzen

Vorteile	Nachteile
– Hohe Beweiskraft – Chronologischer Ablauf wird deutlich – Sitzungsverlauf ist nachvollziehbar – Selektieren und Umformulieren entfällt	– Lange Erstellungszeit – Umfangreich und wenig übersichtlich – Geringe sachliche Ordnung – Erschwerte Auswertung – Hohe Belastung der Protokollführer

6.2.2 Ausführliches Protokoll

Wörtliche Protokolle werden in der Wirtschaft und in der Verwaltung gar nicht oder nur sehr selten erstellt.

Als umfangreichste Art mit dem höchsten Dokumentationswert gilt hier das ausführliche Protokoll. Es ist immer dann angebracht, wenn der Ablauf der Verhandlung und der Meinungsbildungsprozess genau nachvollziehbar sein müssen.

Schon während der Aufnahme muss der Protokollführer Wesentliches von Unwesentlichem trennen. Das Selektieren stellt eine hohe Anforderung dar (8). Bei der späteren unterschriftsreifen Erstellung sollen nur die Beiträge aufgeführt werden, die das Zustandekommen der Ergebnisse maßgeblich beeinflusst haben. Der Protokollführer muss diese Beiträge nicht wörtlich wiedergeben. Er kann eigene Formulierungen wählen, aber er muss sachlich richtig, objektiv und verständlich schreiben.

Da es sich um ein personen- und sachbezogenes Protokoll handelt, sind die Namen der Sprecher bei jedem wichtigen Beitrag aufzuführen.

Anwendungsbereiche: – Mitgliederversammlungen

  – Mitarbeiterbesprechungen

  – Vertragsverhandlungen

  – Projektbesprechungen

  – Tagungen, Kongresse

  – Verwaltungsratssitzungen

Vorteile	Nachteile
– Beweismittel	– Lange Erstellungszeit
– Sitzungsverlauf nachvoll- ziehbar	– Selektieren und Umformulie- ren
– Sachlogische Ordnung	– Sachkenntnis der Proto- kollführer erforderlich
– Beschränkung auf wesentli- che Beiträge	– Hohe Belastung der Proto- kollführer

6.2.3 Kurzprotokoll

Nicht immer ist es erforderlich, den Verlauf einer Sitzung ausführlich zu schildern. In einem Kurzprotokoll wird der Ablauf in komprimierter Form festgehalten. Der Verfasser beschränkt sich auf die Kerninformationen. Zunächst wird die Ausgangslage dargestellt, es folgen eine Zusammenfassung der Diskussionsbeiträge und dann die Ergebnisse.

Bei dieser Protokollart steht nicht der Sprecher, sondern die Sache im Vordergrund. Daher wird im Allgemeinen der Zweck auch erfüllt, wenn die Namen nicht genannt werden.

Die Formulierung erfolgt meistens in besonders kurzer Form. In der Praxis wird auch die Bezeichnung „Stichwortprotokoll" verwandt. Allerdings erfolgt die Darstellung selten nur in Stichworten, sondern vielmehr in knappen Sätzen.

Kurzprotokolle können anstelle von ausführlichen Protokollen angewandt werden, wenn dies vom Zweck her gerechtfertigt ist.

Weitere Anwendungsbereiche: – Dienstbesprechungen

                            – Teamsitzungen

                            – Beratungsgespräche

Vorteile	Nachteile
– Übersichtliche Zusammen- fassung	– Weniger Informationen über den Sitzungsverlauf
– Kurze Erstellungszeit	– Geringere Beweiskraft
– Geringe Belastung der Proto- kollführer	– Gezieltes Selektieren erfor- dert Sachkenntnis
– Einfache Auswertung	

6.2.4 Die Ergebnisse im Verlaufsprotokoll

Verhandlungen werden geführt, um Ergebnisse zu erzielen. Deshalb ist es selbstverständlich, dass in wörtlichen und ausführlichen Protokollen sowie in Kurzprotokollen neben dem Verlauf auch die Ergebnisse, und zwar zu allen Tagesordnungspunkten, dargestellt werden.

Zuweilen wird der Standpunkt vertreten, dass nicht immer ein Ergebnis erzielt würde und daher auch nicht aufgeführt werden könne. Hier scheint eine Verwechslung mit „Lösung" vorzuliegen. Die wird es sicherlich nicht immer geben. Aber ein Ergebnis im Sinne von „Stand der Dinge" muss zwangsläufig vorliegen. So ist zum Beispiel der folgende Hinweis das Ergebnis zu einem diskutierten Sachverhalt:

„Eine Strategie steht noch nicht fest. Der Tagesordnungspunkt wird bei der nächsten Sitzung wieder aufgegriffen."

Wenn die Ergebnisse vom Sitzungsleiter zusammengefasst genannt werden, sind sie vom Protokollführer wörtlich aufzunehmen und zu übertragen. Andernfalls muss der Protokollführer das Ergebnis aus dem Dargelegten herausfiltern und selbst treffend formulieren. In diesen Fällen empfiehlt sich, vor der Niederschrift eine Abstimmung mit dem gesamten Gremium oder mit dem Vorsitzenden vorzunehmen.

6.3 Ergebnisprotokoll

Bei der kürzesten Protokollart werden neben dem Protokollrahmen (9.2) nur die Ergebnisse aufgeführt. In vielen Fällen genügt diese Beschränkung auf das unbedingt Notwendige. Bei der heutigen Informationsflut in Wirtschaft und Verwaltung hat kaum noch jemand Zeit, ausführliche Protokolle zu lesen. Daher wird sehr oft Kurz- oder Ergebnisprotokollen der Vorzug gegeben.

Neben der Einsparung von Lesezeit ist der geringe Erstellungsaufwand von Bedeutung. Bei der Aufnahme von Ergebnisprotokollen sind besondere Fertigkeiten, zum Beispiel Kurzschrift, nicht erforderlich. Die Ergebnisse werden in der Regel vom Vorsitzenden zusammengefasst und vom Protokollführer wörtlich mitgeschrieben. Es ist auch möglich, auf die Anwesenheit eines Protokollführers ganz zu verzichten. Der Vorsitzende diktiert dann die Ergebnisse während der Sitzung auf einen Tonträger oder notiert sie auf einem Laptop und visualisiert mit einem Beamer (8.3). Da es sich nur um eine kurze Unterbrechung handelt, wird der Sitzungsablauf nicht gestört. Es ist sogar sinnvoll, den Teilnehmern auf diese Art die Ergebnisse zusammengefasst zu präsentieren.

Wie es zu den Ergebnissen gekommen ist, das heißt, wer mit welchen Argumenten dazu beigetragen hat, ist für Nichtbeteiligte aus dem fertigen Ergebnisprotokoll nicht zu ersehen; in vielen Fällen ist das auch gar nicht notwendig.

Ergebnisprotokolle können anstelle von ausführlichen Protokollen und von Kurzprotokollen angewandt werden, wenn dies vom Zweck her gerechtfertigt ist.

Weitere Anwendungsbereiche: – Arbeitssitzungen

                                            – Betriebsratssitzungen (§ 34 Betr. VG)

Vorteile	Nachteile
– Übersichtliche Darstellung – Einfache Auswertung – Problemlose Aufnahme – Kurze Erstellungszeit	– Keine Informationen über den Sitzungsverlauf – Geringere Beweiskraft

6.3.1 Das Ergebnisprotokoll als Sofortprotokoll

Eine Protokollart, die in der Praxis zunehmend an Bedeutung gewinnt, ist das Ergebnisprotokoll als rationelles Sofortprotokoll.

Es handelt sich um eine sehr einfache Darstellung, eventuell mit handschriftlichen Vermerken, die nicht bei jeder Veranstaltung und nicht bei jedem Empfängerkreis angewandt werden kann. Immer dann, wenn ein Ergebnisprotokoll nur als internes Informationsmittel und als Gedankenstütze genutzt werden soll, ist diese schnelle Erfassung sehr zu empfehlen.

Zum Ende der Sitzung oder kurz danach liegt das Protokoll bereits vor. Das hat folgende Vorteile:

– Die Teilnehmer können sofort um ihre Zustimmung gebeten werden.

– Änderungen können unmittelbar und unbürokratisch vorgenommen werden.

– Die Teilnehmer können die Niederschrift mitnehmen und sofort als Arbeitsunterlage nutzen.

– Es entstehen kaum noch Nachbereitungsarbeiten.

Um den Aufwand für die Erstellung so gering wie möglich zu halten, empfiehlt es sich, ein Formblatt zu erstellen oder das Protokollgrundgerüst auf dem PC vorzubereiten (8.3.4). Die Angaben für Protokollkopf und -schluss und die Überschriften der einzelnen Tagesordnungspunkte werden vorher eingetragen. Die Beschlüsse und eventuell die Erledigungsvermerke werden während der Besprechung ergänzt.

Bei der Erstellung des Protokolls kann unterschiedlich vorgegangen werden.

1. Es ist ein Protokollführer anwesend, der die Ergebnisse nach den einzelnen Tagesordnungspunkten in das Formblatt einträgt oder über den PC/Laptop eingibt.

2. Bei längeren Besprechungen kann der Vorsitzende oder ein Teilnehmer die Ergebnisse notieren. In den Pausen werden die Notizen zum Schreiben ins Sekretariat gegeben. Das letzte Ergebnis wird sofort nach der Beendigung des letzten Tagesordnungspunktes übertragen, so dass das Protokoll wenige Minuten später fertig ist.

3. Anstelle des Aufschreibens werden die Ergebnisse auf Tonträger gesprochen und ebenfalls sukzessive zum Schreiben gegeben.

4. Mit Hilfe von Laptop und Beamer wird ein Simultanprotokoll geführt (8.3.5).

Die hand- oder maschinenschriftlich festgehaltenen Ergebnisse werden den Teilnehmern noch einmal vorgetragen und eventuell korrigiert. Das Protokoll wird unterschrieben, kopiert und verteilt.

6.3.2 Das Ergebnisprotokoll als Deckblatt für Verlaufsprotokolle

Bei der Erstellung eines Verlaufsprotokolls werden die Ergebnisse im Allgemeinen entweder nach jedem Tagesordnungspunkt oder zusammen am Schluss aufgeführt.

Die Empfänger des Protokolls haben unterschiedliche Lesegewohnheiten. Viele können sich aus Zeitgründen nicht sofort über den gesamten Inhalt informieren, müssen aber über die Ergebnisse Bescheid wissen. Ihnen bleibt aufwändiges Umblättern und Suchen erspart, wenn die Ergebnisse direkt nach dem Protokollkopf auf der ersten Seite erscheinen. Das Protokoll wird dann – der jeweiligen Art entsprechend – fortgeführt.

xxxxxxxxxxxxxxx
Firma/Verwaltung

Protokoll

über

....

Vorsitzender
Teilnehmer
Protokollführer

Ort
Tag
Zeit

TOP	Besprechungspunkte und Beschlüsse	Erledigung	
		durch	bis

6.4 Zusammenfassung der Protokollarten

Die Protokollarten und ihre Hauptmerkmale:

Protokollart	Wiedergabe des Verlaufs	Beiträge	Namen der Sprecher	Ergebnisse
Wörtliches Protokoll	vollständig, unverändert, chronologisch	wörtlich, stilistische Korrekturen	wichtig	vollständig
Ausführliches Protokoll	wesentliche Beiträge, sachlogisch	nicht wortgebunden, inhaltlich richtig	wichtig	vollständig
Kurzprotokoll	Kurzform, sachlogisch	starke Zusammenfassung	–	vollständig
Ergebnisprotokoll	–	–	–	vollständig

6.5 Protokollähnliche Niederschriften

Gesprächsnotiz und Aktennotiz:

Es gibt Niederschriften, die als „Verwandte" des Protokolls bezeichnet werden könnten, weil sie oft im Protokollstil dargestellt werden. Aufgrund ihrer Besonderheiten sind sie aber überwiegend den Berichten zuzuordnen, denn sie werden *nach* einer Zusammenkunft erstellt und sind weniger objektiv als Protokolle. In Teil III werden sie gesondert behandelt.

Gedächtnisprotokoll?

Erst nach einer Veranstaltung, die ohne Protokollführung abgelaufen ist, wird entschieden, dass eine Niederschrift angefertigt werden soll. Der Wunsch kann entweder vom Vorsitzenden oder von einzelnen Teilnehmern oder von allen Teilnehmern ausgehen. Da während der Veranstaltung keine oder nur wenige Notizen gemacht wurden, erfolgt die Aufzeichnung weitgehend aus dem Gedächtnis. Diese Niederschrift ist zu wenig objektiv und hat daher nur geringe Beweiskraft. Wenn keine weiteren Schritte folgen, liegt nicht mehr als eine Aktennotiz vor. Der Begriff „Gedächtnisprotokoll" ist daher nicht akzeptabel. Eine nachträgliche Wertung als Protokoll ist nur dann möglich, wenn alle Teilnehmer die Angaben anerkennen. Das kann – aufgrund von Einsprüchen – eine oder mehrere Überarbeitungen erfordern.

Vernehmungsprotokoll:

Diese Art der Niederschrift wird hier nur der Vollständigkeit halber aufgeführt. Bei Sitzungen und Tagungen in der Wirtschaft und in der Verwaltung wird sie nicht angewandt. Bei der Vernehmung von Personen durch die Polizei oder das Gericht müssen aufgrund besonderer Vorschriften Vernehmungsprotokolle angefertigt werden.

7 Vorbereitungsphase

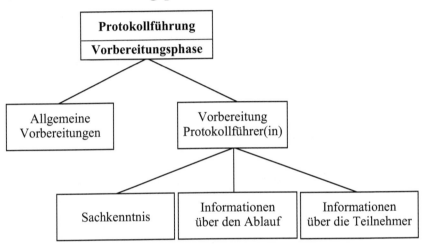

7.1 Allgemeine Vorbereitungen

Die allgemeinen Vorbereitungen können zu den Aufgaben des Protokollführers gehören, sie können auch ganz oder zum Teil von anderen Personen übernommen werden. Für den späteren Verlauf einer Sitzung, Tagung oder Versammlung ist es sehr wichtig, dass rechtzeitig an alle Einzelheiten gedacht wurde, zum Beispiel

– Festlegung
  • Thema und Tagesordnung
  • Tag und Uhrzeit
  • Veranstaltungsort
  • Teilnehmer
  • Protokollführer

- Information der Teilnehmer
  - Einladungen
  - Teilnehmerliste
  - Unterlagen zur Vorbereitung
- Bereitstellung
  - Besprechungsunterlagen
  - Geschäftsordnung
  - Namensschilder
  - Sitzordnung
  - Anwesenheitsliste
  - Tagungstechnik
  - Schreibmaterial

Von besonderer Bedeutung ist die frühzeitige Wahl des Protokollführers. Nur dann, wenn ihm die erforderliche Zeit zur Verfügung steht, kann er sich angemessen vorbereiten.

Kurzfristige Entscheidungen führen oft zur Improvisation, die sich zwangsläufig auf die Qualität des späteren Protokolls auswirkt.

7.2 Vorbereitung Protokollführer(in)

Je besser Protokollführer vorbereitet sind, desto leichter wird es ihnen fallen, den Ausführungen der Teilnehmer zu folgen und die Inhalte der Protokollart entsprechend festzuhalten.

Voraussetzungen:
– Verständnis für die Sache
– Kenntnisse über den Ablauf
– Informationen über den Teilnehmerkreis

7.2.1 Sachkenntnis

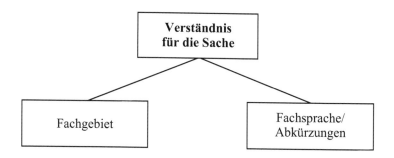

19

Beim ausführlichen Protokoll und beim Kurzprotokoll ist es besonders wichtig, von der Materie etwas zu verstehen. Denn man kann nur dann selektieren, kürzen und zusammenfassen, wenn man sich in der Sache sowie in der Fachsprache auskennt und der Diskussion folgen kann. Die Sitzung wird ungestörter verlaufen, weil sichere Protokollführer nicht durch häufige Fragen unterbrechen müssen.

7.2.2 Informationen über den Ablauf

Die Geschäftsordnung regelt den Ablauf einer Tagung oder Sitzung. Im Allgemeinen wird sie schriftlich festlegen, in Ausnahmefällen aufgrund von Gewohnheitsrechten praktiziert. Inhalte können sein:

- Sitzungsleitung und Stellvertretung
- Beschlussfähigkeit
- Wortmeldung und Worterteilung
- Abstimmung über Anträge

Um sich auf den Verlauf der Zusammenkunft einstellen zu können, sollten Protokollanten die Geschäftsordnung, das „Wie", und die Tagesordnung, das „Was", kennen.

Die Tagesordnung enthält die Verhandlungsgegenstände in logischer Folge. Sie sollte allen Beteiligten im Voraus bekannt sein. Protokollführer können sich mit den Inhalten aufgrund von Unterlagen vertraut machen und die Dauer der Verhandlung besser einschätzen. Je nach Aufzeichnungsverfahren ist eine gezielte Vorbereitung der späteren Niederschrift möglich (8).

Unterschiedliche Protokollarten und Verwendungszwecke beeinflussen den Verlauf einer Verhandlung und stellen unterschiedliche Ansprüche an Protokollführer. Daher sind sie rechtzeitig zu informieren, sofern Art und Zweck nicht aufgrund der Geschäftsordnung festliegen.

7.2.3 Informationen über die Teilnehmer

Die Teilnehmer treffen im Rahmen der Veranstaltung zu einer formellen Gruppe zusammen. Ihnen werden unterschiedliche Rollen zugewiesen, und sie zeigen unterschiedliches Rollenverhalten.

Es ist daher wichtig, dass Protokollführer die Namen gezielt zuordnen können und etwas über das Besprechungsverhalten der Teilnehmer wissen.

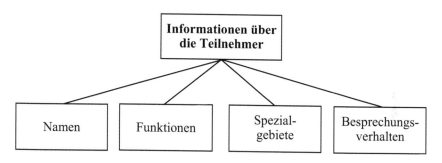

7.2.4 Checkliste für die Informationsbeschaffung

Um Kenntnisse über die Sache, den Ablauf und die Personen zu erwerben, benötigen Protokollführer Informationen.

Die folgende Checkliste kann als Grundlage für die Informationsbeschaffung genutzt werden:

- Geschäftsordnung
- Organisationspläne
- Allgemeine Unterlagen zur Sache
- Abkürzungsverzeichnisse
- Frühere Protokolle
- Einladung mit Tagesordnung
- Teilnehmerliste
- Sitzordnung
- Sitzungsunterlagen
- Instruktionen des Vorsitzenden
- Informationen der Teilnehmer

8   Aufnahme

Die folgenden Ausführungen beziehen sich überwiegend auf die Aufnahme von ausführlichen Protokollen und Kurzprotokollen. Der Grund liegt darin, dass bei diesen Protokollarten die Problematik bei der Aufnahme besonders deutlich wird.

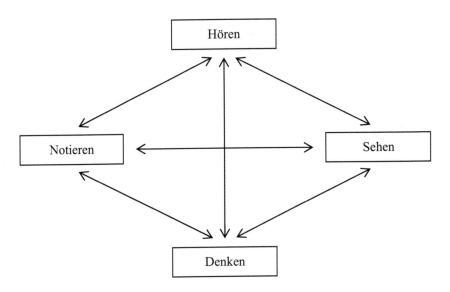

Da Protokollführer nicht direkt das Verhandlungsgeschehen beeinflussen, wird ihre Rolle häufig als eine passive betrachtet. Das ist nur scheinbar so, denn sie sind in höchstem Maße gefordert.

Sie müssen aktiv zuhören und Blickkontakt zu den Teilnehmern haben. Um nur das Wesentliche mitzuschreiben, müssen sie die Äußerungen selektieren und die notwendigen Notizen vornehmen. Das Besondere ist, dass – anders als bei der Brieferstellung – diese Leistungen nicht stufenweise, sondern gleichzeitig erbracht werden müssen.

Hören: Während die Teilnehmer diskutieren, müssen Protokollführer zuhören, und zwar aktiv zuhören, das heißt gleichzeitig überlegen, welche Bedeutung der jeweilige Beitrag für das Protokoll hat.

Das entnehmen sie nicht nur dem „Was", also der reinen Sachaussage, sondern auch dem „Wie". Stimme und Ton sowie rhetorische Besonderheiten bedürfen ebenfalls der Interpretation.

Sehen:	Die Kommunikation zwischen den Teilnehmern findet nicht nur durch das Hörbare, sondern auch durch Gestik und Mimik statt, und zwar in erheblichem Maße. Das ist übrigens einer der Gründe, warum Tonbandaufzeichnungen selten eine gute Ersatzlösung für die persönliche Aufnahme sind (8.3.2).
Denken:	Schon bei der Aufnahme sollten sich Protokollführer für das Wesentliche entscheiden, bereits überflüssig Notiertes streichen und gleichartige Beiträge zusammenfassen. Grundlage für diese Entscheidungen sind Protokollart und -zweck sowie der Inhalt des jeweiligen Tagesordnungspunktes.
Schreiben:	Nur durch gezieltes Mitschreiben kann die erforderliche Konzentrationsfähigkeit auch über längere Zeit gewahrt werden. Alles mitzuschreiben – übrigens eine Gefahr bei guten Kurzschriftfertigkeiten – führt zu schneller Ermüdung und erschwert außerdem die spätere Übertragung.

8.1 Verhalten des Vorsitzenden und der Teilnehmer

Von den Protokollführern wird erwartet, dass sie während der Veranstaltung mit Disziplin allen Anforderungen gerecht werden, um später ein einwandfreies Protokoll vorzulegen.

Dem steht die berechtigte Forderung gegenüber, dass der Vorsitzende und die Teilnehmer durch ihr Verhalten einen geordneten Ablauf gewährleisten.

Eine Wunschliste der Protokollführer könnte wie folgt aussehen:

- Pünktliches Erscheinen der Teilnehmer

- Gute Diskussionsleitung

- Schnell zur Sache kommen – keine langen Einleitungen

- Einhaltung der Tagesordnung bzw. rechtzeitige Bekanntgabe der Änderungswünsche

- Beim Thema bleiben

- Einhalten der Redezeiten – keine langatmigen Ausführungen

- Ungestörte Redebeiträge – keine Unterbrechungen

- Klare, verständliche Äußerungen

- Zurückhalten von unangemessenen Emotionen

- Zusammenfassung am Ende jeden Tagesordnungspunktes

– Akzeptanz des Protokollführers
  • Anerkennung der Leistung
  • Verständnis für Zwischenfragen
  • Freistellung von Nebenaufgaben (Bewirtung, Kopieren, Telefonieren)
  • Bei lang andauernden Konferenzen: Entlastung durch einen zweiten Protokollführer

8.2 Verhalten der Protokollanten

Offensichtlich tragen auch Protokollführer selbst entscheidend dazu bei, die Situation zu beeinflussen.

Selbstbewusstes und kooperatives Verhalten ist unbedingt erforderlich. Protokollführer sind keine passiven Personen im Hintergrund, sondern wertvolle Mitarbeiter, die einen wichtigen Platz im Verhandlungsgeschehen einnehmen.

Diese sichere Einstellung setzt voraus, dass

– die persönlichen und sachlichen Voraussetzungen weitgehend gegeben sind (5.2)

– im Rahmen der Vorbereitung die notwendigen Informationen beschafft wurden (7.2)

– ihm die richtigen Aufnahmetechniken vertraut sind (8.3).

Eine positive Einstellung zu den Anwesenden fördert den Kommunikationsprozess zwischen Protokollführern und den anderen Beteiligten. Zur Arbeit in angenehmer Atmosphäre bei gutem Informationsfluss kann jeder beitragen. „Man bekommt, was man gibt."

Optimales Verhalten des Protokollführers ist dann gegeben, wenn alle Beteiligten den Eindruck haben, dass er – wenn im Allgemeinen auch stumm – selbst an der Diskussion teilnimmt.

8.3 Aufnahmeverfahren

8.3.1 Kurzschrift – Langschrift – Notizschrift

„Ohne Kurzschrift ist Protokollführung unmöglich." Das behaupteten früher viele professionelle Protokollführer. Ohne Zweifel ist es auch heute noch vorteilhaft, gute Fertigkeiten auf diesem Gebiet zu haben. Dennoch sollte das andere, die ihre Aufzeichnungen per Lang- oder Notizschrift machen, nicht entmutigen.

Der Umfang der Schreibbelastung hängt in erster Linie von der Protokollart ab. Wo Wortprotokolle geführt werden, ist die Arbeit selbstverständlich nur besten Stenografen möglich. Bei ausführlichen Protokollen, in denen alles Wesentliche aus lang andauernden Veranstaltungen aufgenommen werden soll, ist es auch ein großer Vorteil, die Stenografie anwenden zu können.

Noch unerfahrene Protokollführer versuchen oft, zur „Absicherung", alles mitzuschreiben. Auch wenn sie noch so schnell stenografieren, können sie scheitern, weil sie den Diskussionsverlauf zwar notieren, aber nicht selbst erfassen. Sie erkennen nicht das Wesentliche und können Stimme und Ton sowie Mimik und Gestik der Sprecher kaum deuten. Bei der Übertragung haben sie große Schwierigkeiten, weil sie die ganze Verhandlung – ähnlich wie bei der Tonbandaufzeichnung – noch einmal Revue passieren lassen müssen, um den roten Faden herauszuarbeiten. Gutes Konzentrationsvermögen, Hineindenken in die Diskussion und gezieltes Selektieren sind auch bei hervorragenden Stenografen unerlässlich.

In der Praxis werden immer häufiger Kurz- oder Ergebnisprotokolle angefertigt. Der Schreibaufwand ist relativ gering. Jeder, der andere gute Voraussetzungen mitbringt, kann – unabhängig von den schreibtechnischen Fertigkeiten – mit der Protokollführung beauftragt werden.

Anstelle der aufwendigen Langschrift haben viele Protokollführer durch ihre beruflichen Anforderungen eine eigene Notizschrift entwickelt. Vor allem Abkürzungen von Namen und häufig vorkommenden Begriffen sowie das Weglassen von Silben verhelfen zu rationellerem Aufzeichnen. Wichtig ist, dass im Nachhinein alles eindeutig interpretierbar ist und nichts zu Verwechslungen führt. Da man für die spätere Erstellung des Protokolls ohnehin nicht mehr als ein „Wortgerüst" braucht, ist es nicht notwendig, die Aufzeichnungen in ganzen Sätzen vorzunehmen. Wörter, die sich aus dem Zusammenhang ergeben, können weggelassen werden. Es kommt darauf an, die entscheidenden Stichwörter zu notieren, aus denen dann bei der Überarbeitung aussagekräftige Sätze formuliert werden können.

Notizschrift für die Protokollführung

Tipps und Tricks für Protokollführer, die nicht zu den geübten Stenografen gehören:

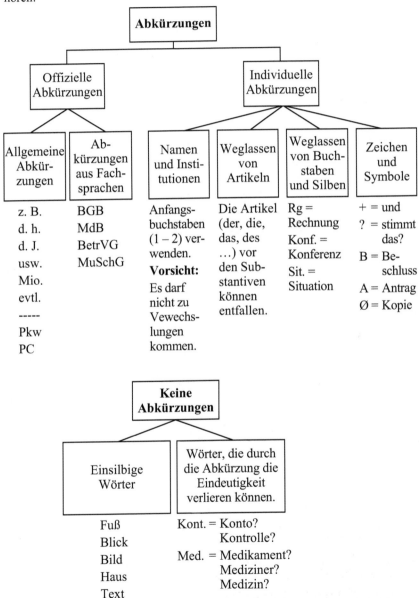

Abkürzungen

Offizielle Abkürzungen		Individuelle Abkürzungen			
Allgemeine Abkürzungen	Abkürzungen aus Fachsprachen	Namen und Institutionen	Weglassen von Artikeln	Weglassen von Buchstaben und Silben	Zeichen und Symbole
z. B.	BGB	Anfangsbuchstaben (1 – 2) verwenden.	Die Artikel (der, die, das, des …) vor den Substantiven können entfallen.	Rg = Rechnung	+ = und
d. h.	MdB			Konf. = Konferenz	? = stimmt das?
d. J.	BetrVG	**Vorsicht:**		Sit. = Situation	B = Beschluss
usw.	MuSchG	Es darf nicht zu Vewechslungen kommen.			A = Antrag
Mio.					Ø = Kopie
evtl.					

Pkw					
PC					

Keine Abkürzungen

Einsilbige Wörter	Wörter, die durch die Abkürzung die Eindeutigkeit verlieren können.
Fuß	Kont. = Konto? Kontrolle?
Blick	
Bild	Med. = Medikament? Mediziner? Medizin?
Haus	
Text	

8.3.1.1 Das Wesentliche notieren

Für die Aufnahme gilt der Grundsatz „Alles Wesentliche notieren." Was aber ist das Wesentliche?

Unabhängig von der Protokollart gilt es, Anträge und Beschlüsse festzuhalten, und zwar möglichst wörtlich.

Bei ausführlichen Protokollen und Kurzprotokollen heißt es, die Spreu vom Weizen zu trennen. Alles, was für die Ergebnisse von Bedeutung ist, muss später übertragen werden können. Beim ausführlichen Protokoll handelt es sich um die Beiträge mit den Namen der Sprecher, beim Kurzprotokoll um die Darstellung der Ausgangslage und die Zusammenfassung des Ablaufes.

Manche Ausführungen können zwar interessant sein und die Diskussion würzen, gehören aber nicht ins Protokoll, weil sie auf das Ergebnis keine Auswirkung haben. Das gilt auch für Begrüßung und Verabschiedung der Teilnehmer. Es ist doch selbstverständlich, dass sich alle Beteiligten den Umgangsformen entsprechend verhalten. Deshalb ist es nicht notwendig, dies ins Protokoll aufzunehmen. Erstaunlich ist, wie lange sich solche Floskeln halten, zum Beispiel der Satz „Der Vorsitzende begrüßt die Teilnehmer und kommt direkt zum ersten Tagesordnungspunkt." Wie sollte er sonst anfangen?

Ausnahme: Begrüßung von Gästen und neuen Teilnehmern.

Es ist unvermeidbar, dass manchmal etwas aufgezeichnet wird, was sich im Verlauf oder zum Ende der Sitzung als unwichtig herausstellt. Oft ist erst bei der Überarbeitung zu erkennen, dass die eine oder andere Notiz überflüssig war. Trotzdem sollte der Protokollführer immer wieder aufs Neue versuchen, nur das Wesentliche festzuhalten.

8.3.1.2 Checkliste für die Aufnahme

a) handschriftlich

– Halten Sie Schreibmaterial in der erforderlichen Menge und als Reserve bereit.

– Verwenden Sie für die Aufnahme Papier im A4-Format.

– Nummerieren Sie die Blätter vor der Aufnahme.

– Verwenden Sie Blätter, die in der Mitte in Längsrichtung geteilt sind, oder nehmen Sie die Teilung durch einen senkrechten Strich selbst vor.

– Beschriften Sie nur die linke Hälfte des Blattes. Verwenden Sie die rechte Hälfte für Hinweise und Ergänzungen während des Ablaufes oder bei der ersten Überarbeitung.

– Gehen Sie großzügig mit dem Papier um. Das ist keine Verschwendung, sondern eine Hilfe, um den Überblick zu halten.

– Fangen Sie bei jedem Tagesordnungspunkt mit einem neuen Blatt an.

- Lassen Sie zwischen den Notizen zu den einzelnen Beiträgen einige Leerzeilen für nachträgliche Eintragungen.

b) handschriftlich/elektronisch

- Nummerieren Sie die einzelnen Tagesordnungspunkte.
- Versuchen Sie nicht, alles wörtlich mitzuschreiben.
- Notieren Sie alle wichtigen Beiträge. Ausschlaggebend für die Wichtigkeit sind Protokollart und -zweck.
- Markieren Sie die Kernaussagen (Unterstreichen oder andere Hervorhebungen).
- Fügen Sie jedem Beitrag den Namen des Sprechers hinzu. Achten Sie darauf, bei Abkürzungen Verwechslungen auszuschließen.
- Fassen Sie gleichartige Beiträge zusammen.
- Entfernen Sie bereits Notiertes, wenn im Gesprächsverlauf zu erkennen ist, dass es unwichtig war.

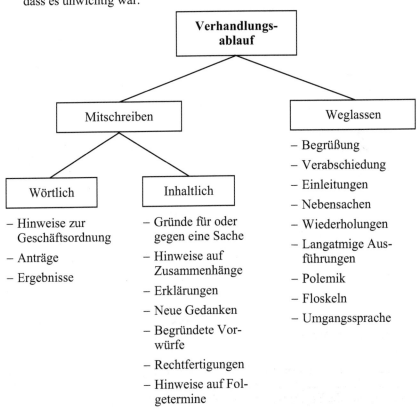

- Markieren Sie besonders wichtige Stellen, zum Beispiel Anträge, Ergebnisse und Termine.
- Lassen Sie sich alle Unterlagen, die während der Sitzung verteilt werden, geben. Sie können wichtige Informationen für die Ausarbeitung enthalten. Eventuell müssen sie als Anlage dem Protokoll beigefügt werden.
- Kennzeichnen Sie die Unterlagen und die entsprechenden Stellen im Aufnahmetext.
- Am Schluss lesen Sie möglichst die Ergebnisse noch einmal vor, damit Ihnen die Richtigkeit bestätigt wird.

8.3.2 Tonband

Zur Unterstützung der Protokollführung können Tonbandgeräte eingesetzt werden. Zu beachten ist, dass diese Aufnahmen der Genehmigung aller Anwesenden bedürfen. Außerdem ist zu klären, ob der Aufwand gerechtfertigt und wünschenswert ist.

Die Annahme, dass das Tonband Protokollführer ersetzen könne, ist praxisfremd. Die gesamte Aufzeichnung abzuhören dauert naturgemäß so lange wie die Sitzung selbst und nimmt daher genauso viel Zeit in Anspruch. Die Zuordnung der Namen, das Selektieren der Beiträge und das Erfassen der Kernaussagen ist beim Abhören außerordentlich schwierig, so dass im Allgemeinen zunächst ein Entwurf angefertigt wird, der mindestens noch einmal überarbeitet werden muss. Von Arbeitserleichterung kann dann keine Rede mehr sein.

Das Tonband kann trotzdem sinnvoll eingesetzt werden, und zwar zur Sicherheit der Protokollführer. Bei Textlücken oder bei wörtlich mitzuschreibenden Passagen können sie gezielt auf die Aufzeichnungen zurückgreifen. Sinnvollerweise notieren sie während der Aufnahme die jeweilige Ziffer des Bandzählwerkes, um sich bei der Übertragung langes Suchen zu ersparen.

8.3.3 Diktiergerät

Bei der Erstellung von Ergebnisprotokollen, insbesondere bei Sofortprotokollen (6.3.1) kann ein Diktiergerät eine gute Hilfe sein.

Der Moderator oder ein Teilnehmer übernimmt das wörtliche Festhalten der Ergebnisse. Für die Protokollanten ist es im Allgemeinen schneller und einfacher, die Ergebnisse kurz in das Mikrofon zu sprechen als schriftlich aufzunehmen.

Der Sprecher sollte dann nicht in das Gerät flüstern, sondern den Text laut vortragen, um den Anwesenden gleichzeitig eine Kontrollmöglichkeit einzuräumen.

Der Text kann dann wörtlich übertragen werden. Bei Bedarf können stilistische Korrekturen vorgenommen werden. Inhaltliche Änderungen sollten nicht erfolgen, weil die Ergebnisse mit den Teilnehmern bereits abgestimmt wurden.

8.3.4 PC/Laptop

Viele Protokollführer nutzen heute die Möglichkeit der PC-Mitschrift anstelle aufwändiger handschriftlicher Notizen. Auch bei dieser Technik ist der Grundsatz „Das Wesentliche notieren" (8.3.1.1) zu beachten.

Bei Kurz- und Ergebnisprotokollen kann das **„Protokollgrundgerüst"** bereits vor der Veranstaltung auf dem PC erstellt werden. Die einzelnen Tagesordnungspunkte werden so vorbereitet, dass während der Veranstaltung die dann ermittelten Fakten und abgestimmten Ergebnisse ergänzt werden können.

8.3.5 Laptop und Beamer

Ergebnisprotokolle können mit Hilfe von Laptop (Notebook) und Beamer als **„Simultanprotokolle"** geführt werden.

Die Zuständigkeiten und Termine werden gemeinsam vereinbart und als Beschlüsse während der Besprechung auf dem Laptop mitgeschrieben und über den Beamer für alle Teilnehmer an der Wand visualisiert.

8.3.5 Tablet-PC

Eine moderne Variante für die Aufnahme ist die Touchscreen-Technik. Tablet-PCs werden zukünftig die herkömmlichen Verfahren in noch stärkerem Maße ersetzen.

9 Unterschriftsreife Erstellung des Protokolls

9.1 Erste Überarbeitung der Aufzeichnungen

Die Übertragung des Protokolls sollte so bald wie möglich geschehen. Die noch frischen Eindrücke über den Ablauf der Veranstaltung geben Protokollführern die Möglichkeit, bestimmte Sachverhalte schnell zu rekonstruieren. Auch wenn sie über gute Mitschriften verfügen – eventuell unterstützt durch Tonbandaufzeichnungen – haben sie einiges besser im Gedächtnis. Falls sich noch Fragen an den Vorsitzenden oder an die Teilnehmer ergeben, ist es auch für diese Personen leichter, die gewünschten Informationen abzurufen, ehe sie im Alltagsgeschehen von anderen Vorkommnissen verdrängt werden.

Ideal ist es, sofort im Anschluss an die Sitzung mit der Übertragung zu beginnen und das Protokoll fertigzustellen. Bei einem reinen Ergebnisprotokoll ist das auch sehr gut möglich. Eine mit der Protokollführung beauftragte Sekretärin/Assistentin kann die Endform sofort anfertigen. Hat der Vorsitzende oder ein Teilnehmer die Ergebnisse mitgeschrieben oder ins Diktiergerät gesprochen, dann kann er unmittelbar im Anschluss an die Sitzung die Aufzeichnungen zum Schreiben geben oder selbst übertragen.

Bei der Ausarbeitung von ausführlichen Protokollen und Kurzprotokollen handelt es sich nicht nur um die Übertragung eines vorgegebenen Textes. Vielmehr hat der Protokollführer die Aufgabe, aus vorhandenen Notizen eine aussagefähige, auf das Wesentliche beschränkte Niederschrift klar und übersichtlich zu formulieren. Da oft noch Zusatzinformationen zu beschaffen sind und Protokollführer sich selten völlig ungestört für Stunden zurückziehen können, ist für die Übertragung viel Zeit erforderlich. Den genauen Bedarf anzugeben ist natürlich unmöglich. Jede Veranstaltung verläuft anders und die Arbeitsbedingungen sind von Fall zu Fall verschieden. Jedoch planen erfahrene Protokollführer genug Zeit für die Übertragung ein. Bei ausführlichen Protokollen wird im Allgemeinen das Zwei- bis Dreifache der Sitzungszeit vorgesehen. Nur selten ist daher die Realisierung unmittelbar nach der Veranstaltung möglich. Trotzdem sollten die Aufzeichnungen nicht sofort zur Seite gelegt werden.

Zunächst sollte eine grobe Überarbeitung durchgeführt werden. Dafür kann dann die rechte Seite der Aufnahmeblätter genutzt werden.

Bei jeder Notiz ist die Frage zu stellen: „Ist diese Information für das spätere Ergebnis von Bedeutung?"

Bei jedem Ergebnis ist die Frage zu stellen: „Liegen alle Informationen für das Zustandekommen des Ergebnisses vor?"

Je nach Antwort heißt es Streichen, Zusammenfassen, Informationen beschaffen. Nach Abschluss dieses ersten Arbeitsganges kann der Protokollant andere zunächst dringendere Arbeiten erledigen und sich dann beruhigt der endgültigen Ausarbeitung widmen.

9.2   Aufbau des Protokolls

Für die Abwicklung des Schriftverkehrs gelten die „Schreib- und Gestaltungsregeln für die Textverarbeitung – DIN 5008". Sie beziehen sich in erster Linie auf die Gestaltung von Geschäftsbriefen. Besondere Angaben für den Aufbau von Protokollen sind nicht enthalten. Diese Norm ist daher nur begrenzt anwendbar, und zwar als Grundlage für allgemeine Schreibungen und Textanordnungen. Einheitliche Regeln für die Protokollgestaltung als besondere DIN-Norm gibt es noch nicht.

Nachfolgend soll der Aufbau so dargestellt werden, wie er den Erfordernissen der Praxis entspricht und am häufigsten angewandt wird.

Das Protokoll wird gegliedert in:

Protokollkopf
Protokollhauptteil
Protokollschluss

9.2.1 Protokollrahmen

Der Protokollrahmen besteht aus dem Kopf und dem Schluss eines Protokolls. Der Text des Verhandlungsablaufes wird in diesen Rahmen eingebettet.

9.2.1.1 Protokollkopf

Zur Gestaltung des Protokollkopfes sind folgende Fragen und Antworten zu beachten:

Wer? Name des Veranstalters

– In der linken oberen Ecke wird der Name des Veranstalters aufgeführt, sofern er nicht schon eingedruckt ist.

Was? Überschrift

– In der Überschrift muss mindestens das Wort Protokoll erwähnt werden. Wenn die Protokollart präzise angegeben wird, ist darauf zu achten, dass alle Tagesordnungspunkte ausführlich, kurz oder ergebnisorientiert behandelt werden.

Beispiele:

- **Protokoll**
- Kurzprotokoll
- Ergebnisprotokoll

Es empfiehlt sich, dieses Wort durch **Fettdruck** oder eine andere Schriftgröße oder Schriftart besonders hervorzuheben.

- Zusätzlich können Angaben zum tagenden Gremium oder zur Art des protokollierten Ereignisses gemacht werden.

Beispiele:

- **Protokoll über eine Sitzung
der Geschäftsleitung mit den Abteilungsleitern**
- Protokoll über die Planung
des Projektes ABC

- Wenn es sich um eine Besprechungsserie handelt, sollte die Protokollnummer angegeben werden.

Beispiel:

- Protokoll Nr. 27
der Expertenkommission Z

Wer?
- Die anwesenden Personen werden vermerkt, und zwar in der Reihenfolge:

- Vorsitzender
- Teilnehmer
- Protokollführer

- Die Aufführung der Teilnehmer kann unterschiedlich vorgenommen werden:

- nach Alphabet
- Gäste vor internen Teilnehmern
- nach Rang oder Funktion

- Im Protokollkopf **kann** die Anrede „Frau" bzw. „Herr" aufgeführt werden. Sie sollte geschrieben werden, wenn der Vorname nicht genannt wird. Abkürzungen sind zu vermeiden. „Fr." und „Hr." wirken unhöflich, abgekürzte Vornamen sind wenig informativ. Akademische Titel gehören zum Namen.

Beispiele:

- Frau Müller
- Frau Ruth Müller

- Herr Dr. Schmitz
- Herr Dr. Rolf Schmitz

Zusammenfassungen sind möglich.

Beispiel:

- Frau Müller, Herren Schuster, Küster und Alb

Zeitgemäßer ist es, die Anrede „Herr"/„Frau" wegzulassen und die Teilnehmer im Protokollkopf mit Vor- und Nachnamen aufzuführen.

Beispiele:

- Ruth Müller
- Dr. Rolf Schmitz

– Besonderheiten zu den Teilnehmern werden bereits im Protokollkopf vermerkt.

Beispiele:

- Dr. Rolf Schmitz (Gast)
- Ruth Müller (Tagesordnungspunkt 1)
- Horst Klein (bis 15:30 Uhr)

Personen, die zum Teilnehmerkreis gehören, an dieser Veranstaltung aber nicht teilnehmen können, werden im Allgemeinen mit dem Vermerk „entschuldigt" in der gewählten Reihenfolge genannt.

Beispiel:

- Egon Groß (entschuldigt)

– Bei vielen Arten von Veranstaltungen sind Hinweise auf Rang, Funktion und/oder organisatorische Zuordnung der Teilnehmer angebracht.

Beispiele:

Eva Weiß	– Geschäftsleitung
Peter Schubert	– Personalwesen
Michael Leber	– Einkauf
Elke Schwarz	– Rechnungswesen

– Bei einer großen Anzahl von Teilnehmern wird anstelle der Namen ein Hinweis auf die Teilnehmerliste bzw. Anwesenheitsliste angebracht.

Beispiel:

- Teilnehmer: siehe Anwesenheitsliste

– Die mit dem Protokoll beauftragte Person sollte immer namentlich – und nicht mit einem Kurzzeichen – aufgeführt werden.

Beispiel:

- Protokoll: Harald Kerp

Wo? Um nachzuweisen, wo die Besprechung stattgefunden hat, ist der Ort anzugeben.

Es ist unterschiedlich, wie präzise diese Ortsangabe sein muss. Wenn Sitzungen immer im Firmengebäude stattfinden, wird entweder nur der Besprechungsraum angegeben oder der Hinweis entfällt. Werden sie an verschiedenen Orten oder bei unterschiedlichen Institutionen durchgeführt, ist oft eine genaue Beschreibung erforderlich:

Beispiele:

Besprechungsort:
- Kleiner Besprechungsraum

- Raum 418, 4. Stock

- Mühlhausen GmbH
  Haus 12, Raum 612
  Marktplatz 10
  70173 Stuttgart

Wann? – Der Tag der Besprechung muss angegeben werden.

Beispiele:

- 2015-12-01
- 01.12.2015
- 1. Dezember 2015

– Der Beginn der Sitzung muss im Kopf aufgeführt werden. Es ist zu empfehlen, auch das Ende hier – und nicht am Protokollschluss – zu nennen. Es ist angenehmer für den Leser, wenn er die Dauer der Veranstaltung direkt auf der ersten Seite erkennen kann.

Beispiele:

- Zeit: 10:00 – 12:30 Uhr
- Beginn: 10:00 Uhr
  Ende: 12:30 Uhr

Was? — Wenn der Besprechungsgegenstand aus nur einem Punkt besteht, dann heißt das entsprechende Leitwort „Thema".

Beispiel:

- Thema: Weihnachtsfeier der Pensionäre

— Werden verschiedene Themen besprochen, dann werden die einzelnen Verhandlungspunkte in der Tagesordnung aufgeführt.

Beispiel:

- Tagesordnung: 1. Mittelfristige Personalplanung
  2. Neue Ausbildungsberufe
  3. Weiterbildung für Werk III
  4. Weihnachtsfeier der Pensionäre

— Es ist möglich, dass die Tagesordnung im Protokoll nicht mehr der in der Einladung aufgeführten entspricht. Der Grund liegt darin, dass auf Antrag einzelne Sitzungspunkte herausgenommen, zugefügt oder verschoben wurden. Im Hauptteil des Protokolls sind diese Anträge, Begründungen und Zustimmungen zu erwähnen.

Da die Reihenfolge für die Angaben im Protokollkopf nicht genormt ist, gibt es unterschiedliche Zusammenstellungen. Zu empfehlen ist, dass eine einmal gewählte Form, wenn sie sich als zweckmäßig erwiesen hat, beibehalten wird.

Beispiel für die Gliederung des Protokollkopfes:

Kabelbau
Peter Maier GmbH

Protokoll

über eine Besprechung
der Personalabteilung mit dem Betriebsrat

Vorsitzender	Dr. Peter Müller	– Personalleitung
Teilnehmer	Günter Laufer	– Betriebsrat
	Monika Schneider	– Aus- und Weiterbildung
	Rolf Vogel	– Soziales
Protokoll	Anja Schnell	– Personalabteilung

Ort	Besprechungszimmer 1
Tag	8. September 2015
Zeit	14:00 – 16:30 Uhr

Tagesordnung	1. Mittelfristige Personalplanung
	2. Neue Ausbildungsberufe
	3. Weiterbildung für Werk III
	4. Weihnachtsfeier der Pensionäre

Zusatzangaben im Protokollkopf:

Zeit: Es ist sinnvoll, die für die einzelnen Tagesordnungspunkte verbrauchte Zeit anzugeben, um

             – zu kontrollieren, ob die Dauer angemessen war

             – Erfahrungswerte für die Planung zukünftiger Besprechungen zu gewinnen

             – für die nächsten Termine nicht nur den Beginn, sondern auch das voraussichtliche Ende der Veranstaltung festlegen zu können.

Nächster   Der nächste Besprechungstermin wird häufig am Ende des Pro-
Termin: tokolls genannt. Wenn dieses Datum im Kopf als letzter Punkt nach der Tagesordnung erscheint, dann kann dieser Hinweis

             – vor dem Versenden wirkungsvoll markiert werden

             – beim Empfänger größere Beachtung finden.

Beispiel für die Gliederung des Protokollkopfes:

Kabelbau
Peter Maier GmbH

Protokoll

über eine Besprechung
der Personalabteilung mit dem Betriebsrat

Vorsitzender	Dr. Peter Müller	– Personalleitung
Teilnehmer	Günter Laufer	– Betriebsrat
	Monika Schneider	– Aus- und Weiterbildung
	Rolf Vogel	– Soziales
Protokoll	Anja Schnell	– Personalabteilung

Ort	Besprechungszimmer 1
Tag	8. September 2015
Zeit	14:00 – 16:30 Uhr

Tagesordnung	1. Mittelfristige Personalplanung	14:00 – 15:10 Uhr
	2. Neue Ausbildungsberufe	15:10 – 15:40 Uhr
	3. Weiterbildung für Werk III	15:40 – 16:15 Uhr
	4. Weihnachtsfeier der Pensionäre	16:15 – 16:30 Uhr

Nächste Sitzung   29. September 2015

39

Was ist hier falsch?

Suchen Sie die Fehler in diesem Protokollkopf!

Protokoll

über die 5. Sitzung der
Projektgruppe Rheinlandhalle

Vorsitzender	Hr. Dr. Peters	– Projektleiter
	Fr. Sattler	– Projektassistentin
	Fr. Heidi Merten	– PA
	P. Ahrends	

Protokollführer:	pm

Ort	Hagen & Winter AG
	Christophstraße 4
	50670 Köln
	0221 1680-272
Tag:	7.1.15
Beginn	14:00 Uhr

Themen	1. Zusatzauflage der Stadt Köln
	2. Erweiterung der Projektgruppe
	3. Änderung des Terminplanes

Die Fehler:

1. Der Name des Veranstalters fehlt.

2. Das Leitwort „Teilnehmer" ist nicht angegeben.

3. Die Anrede „Herr" und „Frau" **kann** weggelassen werden. Wenn sie eingesetzt wird, dann ist sie auszuschreiben und bei allen Personen anzubringen.

4. Der Vorname sollte bei allen Teilnehmern genannt werden.

5. Die Organisationseinheiten/Funktionen können abgekürzt oder ausgeschrieben werden. Ein Wechsel ist nicht sinnvoll.

6. Es ist nicht zu erkennen, ob es sich um einen Teilnehmer oder um eine Teilnehmerin handelt. Die Anrede fehlt. Der abgekürzte Vorname ist nicht informativ.

7. Die Funktionen werden bei den anderen Teilnehmern genannt. Sie sind entweder immer oder gar nicht zu erwähnen. Hier fehlt diese Zuordnung.

8. Doppelpunkte nach den Leitwörtern sind nicht erforderlich. Wenn sie geschrieben werden, dann sind sie nach allen Vorgaben anzubringen.

9. Der Protokollführer sollte mit dem Namen, nicht mit einem Kurzzeichen aufgeführt werden.

10. Es ist nicht richtig, die Telefonnummer im Rahmen der Ortsangaben aufzuführen. Die komplette Anschrift wird nur in besonderen Fällen angebracht.

11. s. 8.

12. Diese numerische Angabe des Datums ist nicht richtig.

13. Es sollte nicht nur der Beginn, sondern die Dauer der Veranstaltung angegeben werden.

14. Bei mehreren Besprechungspunkten werden die Themen als „Tagesordnung" angekündigt.

Hier stecken die Fehler:

(1)

Protokoll

über die 5. Sitzung der
Projektgruppe Rheinlandhalle

(3)

Vorsitzender   Hr. Dr. Peters   - Projektleiter

(2)   Fr. Sattler (4)   - Projektassistentin

                 Fr. Heidi Merten   - PA (5)

            (6) P. Ahrends   (7)

Protokollführer: (8) pm (9)

Ort   Hagen & Winter AG
                 Christophstraße 4
                 50670 Köln
            (10) Tel. 0221 1680-272

Tag: (11)   (12) 7.1.15
Beginn (13)   14:00 Uhr

Themen (14)   1. Zusatzauflage der Stadt Köln

                 2. Erweiterung der Projektgruppe

                 3. Änderung des Terminplanes

So ist es richtig:

Hagen & Winter
Bauconsulting AG

Protokoll

über die 5. Sitzung der
Projektgruppe Rheinlandhalle

Vorsitzender	Dr. Klaus Peters	- Projektleiter
Teilnehmer	Peter Ahrends	- Projektleiter
	Heidi Merten	- Projektassistentin
	Sonja Sattler	- Projektassistentin
Protokoll	Gerd Maurer	

Ort	Hagen & Winter AG
	Christophstraße 4
	50670 Köln
Tag	7. Januar 2015
Zeit	14:00 – 16:30 Uhr

Tagesordnung	1. Zusatzauflage der Stadt Köln
	2. Erweiterung der Projektgruppe
	3. Änderung des Terminplanes

43

9.2.1.2 Protokollschluss

Zur Gestaltung des Protokollschlusses sind folgende Fragen und Antworten zu beachten:

Wo? Der Ort der Anfertigung wird angegeben, um deutlich zu machen, ob Sitzungs- und Erstellungsort identisch sind oder voneinander abweichen.

Wann? Das Erstellungsdatum lässt erkennen, wie viel Zeit zwischen Sitzungs- und Erstellungstag liegt. Je weiter diese Zeitpunkte auseinanderliegen, desto schwieriger wird es für den Protokollführer und eventuelle Informanten sein, bei Bedarf bestimmte Sachverhalte aus dem Gedächtnis wahrheitsgemäß zu rekonstruieren.

Wer? Das Protokoll muss unterschrieben werden, und zwar mindestens vom Vorsitzenden und vom Protokollführer. Zunächst unterschreibt der Protokollführer. Er bestätigt damit, dass er das Protokoll nach bestem Wissen, objektiv und den Vorgaben entsprechend angefertigt hat. Dann legt er die Niederschrift dem Vorsitzenden zur Genehmigung und Unterschrift vor. Wer links und wer rechts unterschreibt, hängt von den Gepflogenheiten des Hauses ab. Die kaufmännische Regel für Briefe – Der Höherrangige unterschreibt links. – muss nicht eingehalten werden.

Um die Unterschriften richtig deuten zu können, können entsprechende Vermerke angebracht werden. Die Namen sollten computerschriftlich wiederholt werden.

Beispiele:

a) Angefertigt   Für die Richtigkeit

Anja Schnell   Dr. Peter Müller

b) Vorsitzender   Protokollführerin

Dr. Peter Müller   Anja Schnell

c)

Anja Schnell   Dr. Peter Müller
Protokollführerin   Vorsitzender

Was?   Unterlagen, die während der Sitzung verteilt wurden oder als Besprechungsgrundlage dienten, werden als Anlage beigefügt.

Wie beim Brief ist es möglich, nur durch einen Vermerk auf die Anlagen hinzuweisen oder sie einzeln aufzuführen.

Beispiele:

- **Anlage**

- **Anlagen**

- **2 Anlagen**

- **Anlagen**
  1 Personalstatistik
  1 Weiterbildungsprogramm

An wen?   Im Verteiler werden alle Personen genannt, die eine Ausfertigung des Protokolls erhalten. Das sind zunächst die Teilnehmer. Da sie namentlich bereits im Kopf oder in einer besonderen Teilnehmerliste genannt wurden, genügt an dieser Stelle ein Hinweis.

Sollen zu den Empfängern noch weitere Personen gehören, dann sind sie gesondert aufzuführen. Wenn sie nur einen Auszug aus dem Protokoll erhalten, ist ein entsprechender Vermerk anzubringen.

Beispiel:

- **Verteiler**
  Teilnehmer
  Carsten Schulte, Geschäftsführung
  Peter Kranz, Betriebsratsvorsitzender
  Ingo Bauer, Organisation (Tagesordnungspunkt 4)

Beim E-Mail-Versand werden die Empfänger in den Verteiler aufgenommen.

Beim Versand in Papierform werden die jeweiligen Empfänger markiert, so dass sich im Allgemeinen ein zusätzliches Anschreiben erübrigt.

Beispiel für die Gliederung des Protokollschlusses:

Köln, 10. September 2015

Anja Schnell   Dr. Peter Müller

Anlagen
1 Personalstatistik
1 Weiterbildungsprogramm

Verteiler
Teilnehmer
Carsten Schulte, Geschäftsführung
Peter Kranz, Betriebsratsvorsitzender
Ingo Bauer, Organisation (Tagesordnungspunkt 4)

9.2.2 Protokollhauptteil

Umfang und Anordnung des Textes im Hauptteil sind abhängig von der Art und dem Zweck des Protokolls. Je nach Ausführlichkeit werden entweder nur die Ergebnisse oder zusätzlich die wichtigsten Zusammenhänge aus dem Verlauf der Sitzung beziehungsweise alle wichtigen Diskussionsbeiträge für oder gegen eine Sache festgehalten.

9.2.2.1 Anordnung des Textes

Oberster Grundsatz ist eine klare, übersichtliche Gestaltung, so dass der Leser problemlos bestimmte Tagesordnungspunkte und Beschlüsse finden sowie die Beiträge den einzelnen Sprechern zuordnen kann.

Das Protokoll ist in Absätze zu gliedern. Die grobe Gliederung ergibt sich aus der Reihenfolge der Tagesordnungspunkte. Allgemein ist die sachliche Ordnung dem genauen zeitlichen Ablauf vorzuziehen. Wenn in der Verhandlung zu einem späteren Zeitpunkt noch Ergänzungen zu den bereits abgehandelten Themen folgen, ist es besser, diese den jeweiligen Tagesordnungspunkten zuzuordnen, um eine im Zusammenhang logische Darstellung zu gewährleisten.

Tagesordnungspunkte

Die Tagesordnungspunkte werden mit Überschriften eingeleitet. Es bestehen folgende Möglichkeiten:

- TOP 1

- Tagesordnungspunkt 1

- TOP 1 „Mittelfristige Personalplanung"

- Tagesordnungspunkt 1:
  Mittelfristige Personalplanung

- 1. Mittelfristige Personalplanung

Bei umfangreichen Protokollen ist eine der drei letzten Formen vorzuziehen, um dem Leser unnötiges Zurückblättern zum Erkennen der Inhaltsangabe zu ersparen.

Beiträge

Innerhalb der Tagesordnungspunkte kann zusätzlich gegliedert werden. Bei einer sehr kurzen Darstellung des Verhandlungsverlaufes in einem Kurzprotokoll ist das oft nicht erforderlich. Beim ausführlichen Protokoll sollte jeder wichtige Beitrag durch einen Absatz, mindestens aber durch den Beginn mit einer neuen Zeile hervorgehoben werden.

Ob die Namen der Sprecher genannt werden sollen, hängt von Protokollart und -zweck ab. Beim Kurzprotokoll ist es im Allgemeinen ausreichend, den roten Faden des Veranstaltungsverlaufes zu erkennen. Die einzelnen Beiträge und die Namen der Sprecher sind weniger wichtig.

Bei ausführlichen Protokollen ist es sinnvoll, die Namen aufzuführen. Der Name des jeweiligen Sprechers ist dann durch Unterstreichen oder durch besondere Anordnung hervorzuheben. Es ist ausreichend, nur den Familiennamen zu nennen, weil nähere Angaben zur Person im Kopf des Protokolls oder in der Teilnehmerliste gemacht wurden. Jedoch wird diese Form von vielen Verfassern und Lesern als unhöflich empfunden, so dass meistens die Anrede „Herr" beziehungsweise „Frau" oder der Vorname beigefügt wird.

Beispiele:

- Vogel:
  Die Zustände seien ...

- *Herr Vogel*
  Die Zustände seien ...

- Dr. Müller   meint, man solle ...
- Herr Vogel   erklärt, dass die Zustände ...
- Rolf Laufer   behauptet, das könne nicht ...

In den letzten drei Beispielen werden die Namen der Sprecher als Bestandteil des Satzes linksbündig herausgestellt. Der Satz wird nach Leerschritten (neue Fluchtlinie) mit einem treffenden Einleitewort fortgeführt. Daraus ergibt sich nicht nur der Vorteil, dass der Name ohne besonderen Aufwand deutlich hervorgehoben wird, sondern auch, dass die Umformulierung des Redebeitrages in korrekte Protokollsprache erleichtert wird (9.3).

Wenn ein enger Zusammenhang zwischen einzelnen Beiträgen besteht, können diese zusammengefasst werden. Es ist darauf zu achten, dass die Sprecher klar zu erkennen sind.

Beispiel:

- Herr Vogel   schlägt auf Anregung von *Frau Schneider* vor, die ...

Vertreten mehrere Redner die gleiche Meinung, dann reicht es aus, einen Beitrag aufzuführen und die Personen, die sich anschließen, nur zu nennen.

Beispiel:

- Dr. Peter Müller   vertritt den Standpunkt, dass ...
  Monika Schneider und *Rolf Vogel* schließen sich dieser Meinung an.

Ergebnisse

Die Ergebnisse werden am Ende eines jeden Tagesordnungspunktes aufgeführt. Um sie innerhalb des Textes leichter zu finden, werden sie gekennzeichnet. Dafür gibt es verschiedene Möglichkeiten:

- Fettdruck
- andere Schriftart
- andere Schriftgröße
- ganze Zeilenbeschriftung
  (bei linksbündigem Herausstellen der Sprecher im vorausgehenden Text)

Beispiele:

- Herr Laufer   erklärt sich damit einverstanden.
  (letzter Beitrag)

Ergebnis: **Für die Weiterbildung in Werk III wird für 2015 ein Budget von 30.000,00 EUR zur Verfügung gestellt.**

- Herr Laufer   erklärt sich damit einverstanden.
                     (letzter Beitrag)

Ergebnis: Für die Weiterbildung in Werk III wird für 2015 ein
                     Budget von 30.000,00 EUR zur Verfügung gestellt.

- Herr Laufer   erklärt sich damit einverstanden.
                     (letzter Beitrag)

Ergebnis: Für die Weiterbildung in Werk III wird für
                     2015 ein Budget von 30.000,00 EUR zur
                     Verfügung gestellt.

- Herr Laufer   erklärt sich damit einverstanden.
                     (letzter Beitrag)

Ergebnis:
**Für die Weiterbildung in Werk III wird für 2015 ein Budget
von 30.000,00 EUR zur Verfügung gestellt.**

Die Ergebnisse können zusätzlich am Schluss oder zu Beginn (6.3.2) des Protokolls in nummerierter Zusammenfassung dargestellt werden.

9.3 Sprachliche Gestaltung des Protokolls

9.3.1 Sachstil

Viele Schriftstücke im Geschäftsleben, zum Beispiel Briefe, werden erstellt, um beim Empfänger zu bewirken, dass er handelt oder etwas unterlässt. Daher müssen diese Texte überzeugen und beeinflussen. Es gilt, kurz und knapp, aber auch höflich und kulant zu formulieren.

Protokolle dagegen sollen die während einer Verhandlung erörterten Sachverhalte und die Ergebnisse festhalten, um dem vorgegebenen Zweck – zum Beispiel als Informationsinstrument oder Beweismittel – gerecht zu werden. Die Darstellung erfolgt daher kurz und knapp, sachlich und richtig sowie klar und verständlich. Dabei ist es wichtig, das Gesprochene in eine angemessene „Schriftsprache" umzusetzen.

| Kurz und knapp: | Bei jedem Protokoll – mit Ausnahme des Wortprotokolls – ist es wichtig, sich auf das Wesentliche zu beschränken. Was wesentlich ist, hängt von der Art und dem Zweck des Protokolls ab. |

Schon bei der Aufnahme ist darauf zu achten, Überflüssiges wegzulassen. Oft wird die Bedeutung eines Beitrages erst bei der Übertragung klar. Daher ist es dann notwendig, unwesentliche Wörter wegzulassen, Sätze oder Satzteile zu streichen und Beiträge zusammenzufassen.

Sachlich und richtig: Es ist darauf zu achten, dass die Sprache den Anforderungen des jeweiligen Fachgebietes entspricht.

Die Beiträge müssen klar formuliert und inhaltlich richtig wiedergegeben werden. Da die Aufnahme aufgrund des gesprochenen Wortes vorgenommen wurde, müssen die Texte oft bereinigt werden. Umgangssprachliche Elemente und Äußerungen im Dialekt haben im Protokoll keinen Platz.

Klar und verständlich: Wie bei anderen Schriftstücken, so ist es auch bei Protokollen wichtig, sich auf die Belange der Empfänger einzustellen. Es ist zu klären, welche Vorkenntnisse sie haben und ob sie mit der Terminologie der jeweiligen Fachsprache vertraut sind.

Die Beantwortung der Frage, ob Protokolle überhaupt gelesen und verstanden werden und damit ihren Zweck erfüllen, hängt weitgehend von der Beachtung dieser Grundsätze ab.

9.3.2 Objektivität

Das Protokoll muss sachlich und richtig abgefasst sein. Die Darstellung muss der Wahrheit entsprechen. Daher ist es wichtig, dass Protokollführer eine objektive Berichterstattung gewährleisten. Das setzt voraus, dass sie

- unparteiisch zu Personen und Sachverhalten sind
- Sympathien und Antipathien ausschalten
- sich nicht von eigenen Gefühlen und Stimmungen beeinflussen lassen
- keine Wertungen und Schlussfolgerungen vornehmen.

Dieser Idealvorstellung muss einschränkend hinzugefügt werden, dass keine Person, die am Veranstaltungsgeschehen teilnimmt, vollkommen objektiv sein kann. Das gilt auch für Protokollführer, die aktiv teilnehmen müssen, um dem Verlauf folgen zu können. In der Wahrnehmung und in der Aufnahmefähigkeit werden sie – im Allgemeinen unbewusst – von Erfahrungen, der Umgebung und körperlichem und seelischem Befinden beeinflusst.

Die Gefahr der Subjektivität ist natürlich größer, wenn Protokollführer gleichzeitig als Vorsitzende oder Teilnehmer direkt am Meinungsbildungsprozess beteiligt sind.

Wichtig ist, dass sich Protokollführer der Anforderung „Objektive Darstellung" und gleichzeitig der Tatsache „Subjektive Beeinflussung" bewusst sind. Gerade dann werden sie sich um ständige Objektivität zumindest bemühen, sie im Wesentlichen auch erreichen.

9.3.3 Angemessene Formulierungen

Normen

Jede Sprache ist an eine Norm gebunden. Um uns zu verständigen, brauchen wir Regeln, die ein einheitliches Anwenden in Wort und Schrift ermöglichen.

Dabei ist zu beachten, dass die Sprache bedingt durch soziale und kulturelle Änderungen in der Gesellschaft einem ständigen Wandel unterliegt. Es ändert sich nicht nur der Wortschatz, auch die Rechtschreibung wird angepasst.

Für das Erstellen von Texten allgemein, damit auch für die Anfertigung von Protokollen ist es wichtig, in einem zeitgemäßen Stil zu schreiben und auf korrekte Rechtschreibung und Zeichensetzung zu achten.

Grundlage für die richtige Schreibung ist die neueste Duden-Auflage.

Kurze Wörter – kurze Redewendungen

Kurze Formulierungen sind unkompliziert und leicht lesbar.

Wenn man die Wahl hat, sollte man im Protokoll kurze, leserfreundliche Redewendungen vorziehen.

Nicht so:	**Sondern so:**
– auf diese Art und Weise	– so
– unter Zuhilfenahme von	– mit
– bis zum gegenwärtigen Zeit-punkt	– bis jetzt
– in den meisten Fällen	– oft
– in keinem Fall	– nie
– unter Weglassung von	– ohne

Kurze Sätze

Kurze Sätze sind klar und übersichtlich. Natürlich kann ein Protokolltext nicht nur aus kurzen Hauptsätzen bestehen. Jedoch ist auf zu viele Nebensätze und damit auf Verschachtelungen zu verzichten.

Nicht so:	**Sondern so:**
– Der Antrag, den Herr Laufer gestellt hat, könne nicht befürwortet werden, weil dazu die Zustimmung der Geschäftsleitung, die zurzeit nicht im Hause sei, erforderlich sei.	– Der Antrag von Herrn Laufer könne nicht befürwortet werden. Dazu sei die Zustimmung der Geschäftsleitung erforderlich. Diese sei zurzeit nicht im Hause.

Weniger „dass-Sätze"

Im ausführlichen Protokoll werden die Beiträge in indirekter Rede wiedergegeben. Dabei besteht die Gefahr, zu viele „dass-Sätze" oder „dass-Satz-Ketten" zu formulieren.

Nicht so:	**Sondern so:**
– Herr Laufer behauptet, dass bei der letzten Sitzung beschlossen worden sei, dass der Betriebsrat rechtzeitig informiert werde.	– Herr Laufer behauptet, bei der letzten Sitzung sei beschlossen worden, den Betriebsrat rechtzeitig zu informieren.

– Herr Vogel berichtet, dass der Vorschlag, dass die Feier in einem Hotel durchgeführt werden solle, gut angekommen sei und dass schon genügend Anmeldungen vorliegen würden.	– Herr Vogel berichtet, der Vorschlag, die Feier in einem Hotel durchzuführen, sei gut angekommen. Es würden schon genügend Anmeldungen vorliegen.

Mehr Zeitwörter (Verben) – weniger Hauptwörter (Substantive)

Fast jedes Zeitwort lässt sich durch ein Hauptwort ersetzen. Im Protokoll ist das im Allgemeinen nicht sinnvoll. Durch zu viele Hauptwörter wirkt der Text schwerfällig und kompliziert. Verben sind aussagekräftiger und lebendiger.

Nicht so:

– Nach *Prüfung* der Unterlagen und *Benachrichtigung* der Teilnehmer erfolgt eine *Wiederaufnahme* des Sachverhalts in der nächsten Sitzung.

– Nach *Erhalt* unserer Bestellung bittet der Hersteller schon jetzt um *Berücksichtigung* einer möglichen Lieferverzögerung.

– Die *Sicherstellung* der *Auftragserfüllung* gehört zu der von Herrn Weber zu übernehmenden *Verantwortung*.

Sondern so:

– Die Unterlagen werden geprüft und die Teilnehmer benachrichtigt. Der Sachverhalt wird in der nächsten Sitzung wieder aufgenommen.

– Der Hersteller hat unsere Bestellung erhalten. Er bittet uns, eine mögliche Lieferverzögerung schon jetzt zu berücksichtigen.

– Herr Weber ist dafür verantwortlich, dass der Auftrag erfüllt wird.

Zu vermeiden sind Streckverben, die dadurch entstehen, dass das Zeitwort zum Hauptwort gemacht und durch ein Hilfswort ergänzt wird.

Nicht so:

– einer Prüfung unterziehen

– Ausführungen machen

– eine Genehmigung erteilen

– einen Vorschlag unterbreiten

– eine Abstimmung vornehmen

– Dank aussprechen

Sondern so:

– prüfen

– ausführen

– genehmigen

– vorschlagen

– abstimmen

– danken

Keine überflüssigen Vorsilben bei Zeitwörtern (Verben)

Wenn immer es möglich ist, sind einfache Zeitwörter zu bevorzugen.

Nicht so:	**Sondern so:**
– aufzeigen	– zeigen
– überprüfen	– prüfen
– übersenden	– senden
– aufaddieren	– addieren
– abkopieren	– kopieren
– ausliefern	– liefern
– abändern	– ändern

Keine überflüssigen Eigenschaftswörter (Adjektive)

Nicht so:	**Sondern so:**
– erbrachte Leistungen	– Leistungen
– gemachte Erfahrungen	– Erfahrungen
– geleistete Arbeit	– Arbeit
– unterlaufener Irrtum	– Irrtum
– erforderlicher Bedarf	– Bedarf

Keine Doppelaussagen (Pleonasmen/Tautologien)

Eine überflüssige Steigerung der Aussage oder eine Wiederholung der Information ist unnötig.

Nicht so:	**Sondern so:**
– wütender Zorn	– Zorn
– volle Gültigkeit	– Gültigkeit
– Grundprinzip	– Prinzip
– Rückantwort	– Antwort
– selektive Auswahl	– Auswahl
– Antwortschreiben	– Antwort *oder* Schreiben
– Testversuch	– Test *oder* Versuch
– Zeitdauer	– Zeit *oder* Dauer
– Vorbedingung	– Bedingung

Keine falschen Höchststufen (Superlative)

Nicht so:	**Sondern so:**
– optimalste Leistung	– optimale Leistung
– maximalste Frist	– maximale Frist *bzw.* Frist
– in keinster Weise	– in keiner Weise
– in höflichster Form	– in höflicher Form

Überflüssige Füllwörter vermeiden

Streichen:

– mehr oder weniger	– gewissermaßen
– ich würde meinen	– sozusagen
– in der Tat	– wohl
– bekanntlich	– letzten Endes

Keine „ Papierwörter"

Veraltete Redewendungen, die in der gesprochenen Sprache selten oder gar nicht mehr vorkommen, haben auch im Protokoll keinen Platz.

Streichen:

– zwecks	– seitens
– anbei	– mittels
– betreffs	– bezüglich
– ihrerseits	– seinerseits

Fremdwörter gezielt einsetzen

Die Antwort auf die Frage „Fremdwort oder deutsches Wort?" ist vom Thema und vom Empfängerkreis abhängig.

Oft ist es besser, anstelle eines Fremdwortes ein deutsches Wort einzusetzen. Viele Fremdwörter gelten jedoch als „eingedeutscht" und sind den meisten Lesern vertraut. Kaum jemand empfindet die folgenden Wörter noch als Fremdwörter:

– Signal	– Apotheke
– Korrespondenz	– Abitur
– Manuskript	– Exemplar

Auch Wörter wie „Know-how", „Motivation" und „Diskretion" werden bei den Personen, die sich mit Protokollen auseinandersetzen, zum normalen Wortschatz gehören.

Fremdwörter ergeben sich vielfach auch aus der jeweiligen Fachsprache. Ihre Anwendung ist sinnvoll, denn sie erleichtert den sachkundigen Lesern die Informationsverarbeitung.

Daneben gibt es eine Reihe von Fremdwörtern, die wir durch deutsche Wörter ersetzen können. Hier einige Beispiele:

So?	**Oder so?**
Affront	Beleidigung
alternieren	abwechseln, ablösen
à la longue	auf die Dauer
canceln	streichen, absagen
de facto	tatsächlich
desolat	trostlos, traurig
eruieren	ermitteln, ausfindig machen
frappant	auffallend, treffend

Modewörter vermeiden

Der Sachstil erfordert schlichte, treffende Ausdrücke. Modewörter, die keinen Aussagewert haben oder übertrieben wirken, haben in der nüchternen Protokollsprache keinen Platz.

So wird der Auftragseingang kaum sein:

- phantastisch   - phänomenal
- Spitze   - gigantisch
- märchenhaft   - echt großartig

Besser ist es, hier den Wert des Auftragseingangs zu nennen oder einen Vergleich mit der Vorperiode vorzunehmen.

Global betrachtet kann er als

- zufriedenstellend
- gut
- groß
- außergewöhnlich

bezeichnet werden.

Keine Umgangssprache – kein Dialekt

Werden in einer Besprechung Wendungen aus der Umgangssprache oder Dialektausdrücke benutzt, dann müssen diese in angemessene Protokollsprache umgesetzt werden.

Nicht so:	**Sondern so:**
– Mehr Umsatz ist beim besten Willen nicht drin.	– Der Umsatz lasse sich nicht mehr steigern.
– Das ist der größte Blödsinn.	– Das sei nicht sinnvoll.
– Es ist ein alter Hut.	– Es sei lange bekannt.
– Das geht Sie einen Schmarren an.	– Das gehe ihn nichts an.

9.3.4 Einleitewörter

Wenn in einem Protokoll wörtliche Rede als indirekte Rede wiedergegeben werden muss – das ist insbesondere beim ausführlichen Protokoll der Fall – dann ist es notwendig, passende Einleitewörter zu finden.

Wörter wie

– sagen
– fragen
– meinen

sind zwar neutral, wirken aber sehr blass und bringen wenig von der Einstellung und Haltung des Sprechers zum Ausdruck. Es gibt treffendere Begriffe. Ein Wörterbuch der Synonyme kann bei der Suche eine wertvolle Hilfe sein.

Beispiele:

– behaupten	– erklären	– berichten	– widersprechen
– befürchten	– verlangen	– fordern	– warnen
– betonen	– bestreiten	– beschuldigen	– darlegen
– wünschen	– anregen	– vorwerfen	– vorschlagen
– verdeutlichen	– kritisieren	– bekräftigen	– feststellen

Vorsicht:

Einleitewörter dürfen nicht die Meinung des Protokollführers widerspiegeln, sondern müssen die richtige Interpretation des Sprechers ermöglichen.

9.3.5 Darstellungszeit

Das moderne Protokoll wird in der Gegenwart (Präsens) abgefasst.

Beispiele:

- Herr Kurtz berichtet, ...
- Peter Hirsch erklärt, ...
- Winter befürchtet, ...

Für die Wahl dieser Zeitform sprechen folgende Gründe:

- Das Protokoll wird *während* der Sitzung angefertigt. Lediglich die Fertigstellung erfolgt zu einem späteren Zeitpunkt.

- Der Text wird leichter lesbar. Das Präsens der Verben hat eine lebendige und direkte Wirkung und führt zur besseren Verständlichkeit.

- Der Leser hat den Eindruck, dass die Sitzung jetzt stattfindet. Indirekt wird er in den Teilnehmerkreis einbezogen.

9.3.6 Direkte Rede – indirekte Rede

Das Protokoll wird in direkter Rede und in indirekter Rede abgefasst.

Die *direkte Rede* wird gewählt, wenn der Protokollführer die Wirklichkeitsform (Indikativ) vertreten kann. Das ist bei Tatsachen, Anträgen und Ergebnissen möglich.

Beispiele:

- Frau Hirsch spricht sich gegen dieses Vorhaben aus.

- Alle Teilnehmer stimmen dem Antrag zu.

- Herr Kurtz beantragt die Aufnahme eines weiteren Tagesordnungspunktes.

- Ergebnis TOP 1:
  Die Lagerhalle wird gebaut. Baubeginn ist der 1. Oktober 2015.

Meinungen und Behauptungen der Sitzungsteilnehmer werden in *indirekter Rede* in der Möglichkeitsform (Konjunktiv) wiedergegeben. Damit wird gekennzeichnet, dass es sich nicht um die Meinung des Protokollführers handelt, sondern um die objektive Darstellung der Äußerung des Sprechers.

Beispiele:

- Frau Hirsch berichtet, dass sie die Statistik nicht vorlegen könne.

- Herr Winter behauptet, die Prüfungsvorbereitung der Auszubildenden sei unzureichend.

- Frau Dr. Schmitz erklärt, die Personalabteilung habe bereits Maßnahmen geplant.

9.3.6.1 Änderung des Personalpronomens

Das Personalpronomen (persönliches Fürwort)
in der „Direkten" und „Indirekten Rede"!

Grundregel:

In der indirekten Rede ändert sich das Personalpronomen:

Singular ⟶ ich ⟨ er / sie   Plural ⟶ wir ⟶ sie
(Einzahl)   (Mehrzahl)

Ausnahme:

Im Plural gibt es eine Ausnahme:

wir ⟶ wir

Diese Ausnahme ist möglich, wenn es sich um ein „Einschließendes Personalpronomen" handelt, das heißt:

Das gesprochene „wir" schließt **alle** Anwesenden ein, und zwar Sprecher, Protokollführer und alle übrigen Teilnehmer. Außerdem müssen sich alle Leser des Protokolls mit diesem „wir" identifizieren können. **Also:** „wir" in der direkten Rede und „wir" in der indirekten Rede.

In diesen Fällen das „wir" in „sie" umzuwandeln (Anwendung der Grundregel) wäre auch möglich, würde aber zu distanziert wirken.

Beispiele:

Singular

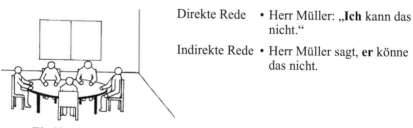

Direkte Rede   • Herr Müller: „**Ich** kann das nicht."

Indirekte Rede   • Herr Müller sagt, **er** könne das nicht.

Ein Unternehmen

Plural

a)

Verschiedene Unternehmen

Mitarbeiter **verschiedener** Unternehmen, Projektgruppen, Arbeitskreise, ... nehmen an einer Besprechung teil. Die teilnehmenden Personen lassen sich nicht gemeinsam mit einem „wir" identifizieren.

Anwendung der Grundregel:

Direkte Rede • Herr Müller: „**Wir** können den Auftrag nicht annehmen."

Indirekte Rede • Herr Müller sagt, **sie** könnten den Auftrag nicht annehmen.

b)

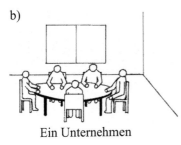

Ein Unternehmen

Mitarbeiter **eines** Unternehmens, **einer** Projektgruppe, **eines** Arbeitskreises, ... nehmen an einer Besprechung teil. Das „wir" schließt **alle** Anwesenden und Leser ein.

Anwendung der Ausnahme „Einschließendes Personalpronomen":

Direkte Rede • Herr Müller: „**Wir** können den Auftrag nicht annehmen."

Indirekte Rede • Herr Müller sagt, **wir** könnten den Auftrag nicht annehmen.

9.3.7   Konjunktiv

Bei der Anwendung der indirekten Rede für die Wiedergabe der Meinungen und Behauptungen der Teilnehmer steht der Einleitungssatz mit dem entsprechenden Einleitewort in der Wirklichkeitsform (Indikativ). Der abhängige Satz – der Aussagesatz – steht in der Möglichkeitsform (Konjunktiv).

Einleitungssatz	Abhängiger Satz
Direkte Rede	Indirekte Rede
Indikativ	Konjunktiv

Das sind die beiden häufigsten Formen:

a) *mit* einleitendem *dass*

b) *ohne* einleitendes *dass*

Beispiele:

a) Frau Hirsch bemerkt, dass der Erfolg zufriedenstellend sei.

b) Frau Hirsch bemerkt, der Erfolg sei zufriedenstellend.

Anwendung des Konjunktivs

a) Konjunktivformen

		sein	**haben**	**werden**	**können**	**müssen**	**sollen**	**wollen**
Singular	I	sei	habe	werde	könne	müsse	solle	wolle
	II	wäre	hätte	würde	könnte	müsste	sollte	wollte
Plural	I	seien	haben	werden	können	müssen	sollen	wollen
	II	wären	hätten	würden	könnten	müssten	sollten	wollten

		zeigen	**fragen**	**rechnen**	**handeln**	**tragen**	**gehen**	**wissen**
Singular	I	zeige	frage	rechne	hand(e)le	trage	gehe	wisse
	II	zeigte	fragte	rechnete	handelte	trüge	ginge	wüsste
Plural	I	zeigen	fragen	rechnen	handeln	tragen	gehen	wissen
	II	zeigten	fragten	rechneten	handelten	trügen	gingen	wüssten

b) Regeln

1. Konjunktiv I

Normalerweise wird die indirekte Rede mit der ersten Möglichkeitsform gebildet.

Beispiele:

- Er betont, das *sei* so.
- Sie erklärt, es *gehe* in dieser Zeit nicht.

2. Konjunktiv II

Im allgemeinen Sprachgebrauch dient der Konjunktiv II der Kennzeichnung des nur Vorgestellten, des Gedachten, der Irrealität.

Beispiel:

- Wenn ich *reich* wäre, dann *hätte* ich keine Sorgen.

Im Protokoll hat die zweite Möglichkeitsform nur dann einen Platz, wenn die erste Möglichkeitsform von der Wirklichkeitsform nicht zu unterscheiden ist.

Beispiele:

- Er berichtet, dass die Mitarbeiter sich beschwert *hätten*.
  (Konjunktiv I: ... sich beschwert *haben*.)
- Sie behauptet, die Mitarbeiter *könnten* das nicht.
  (Konjunktiv I: ... *können* das nicht.)

Besonderheit:

Wenn der Konjunktiv II bereits in der direkten Rede verwendet wurde, dann bleibt er in der indirekten Rede erhalten.

Beispiele:

- Direkte Rede → Herr Schwarz: „Darauf hätte ich gerne eine Antwort."
- Indirekte Rede → Herr Schwarz betont, dass er darauf gerne eine Antwort hätte.

3. *„würde „*

   a) Wenn die zweite Möglichkeitsform mit der Wirklichkeitsform der Vergangenheit (Indikativ Präteritum) identisch ist, dann darf man sich mit „würde" und Nennform (Infinitiv) helfen.

   Beispiele:

   - Er bemerkt, die Kinder *hielten* sich dort gern *auf*.
   - Sie behauptet, die Darstellungen *zeigten* das.

   Besser:

   - Er bemerkt, die Kinder *würden* sich dort gern *aufhalten*.
   - Sie behauptet, die Darstellungen *würden* das *zeigen*.

   b) Wenn eine Möglichkeitsform zu altertümlich erscheint, dann darf man als Ersatzform ebenfalls auf die Umschreibung mit „würde" ausweichen.

   Beispiele:

   - Er sagt, sie *hülfen* gern.
   - Er erklärt, sie flögen in drei Wochen.

   Besser:

   - Er sagt, sie *würden* gern helfen.
   - Er erklärt, sie *würden* in drei Wochen *fliegen*.

9.3.8 Übungen

Einleitewörter – Präsens - Indirekte Rede - Konjunktiv

Auszüge aus verschiedenen Besprechungen:

Wörtliche Rede	Protokoll
1. Herr Lange: „Die Konkurrenz baut eine neue Lagerhalle."	
2. Frau Schwarz: „Wir müssen uns um den Auftrag bemühen."	
3. Herr Seeman: „Das Haus ist schon verkauft. Das hat mir der Makler mitgeteilt."	
4. Frau Harder: „Ein Betriebskindergarten gehört zu den besonderen Sozialleistungen eines Großunternehmens."	
5. Frau Sommer: „Wir haben keine andere Entscheidungsmöglichkeit."	

Wörtliche Rede	Protokoll
6. Herr Holz: „Darauf kann ich spontan keine Antwort geben. Ich muss vorher mit meinem Vorgesetzten sprechen.	....
7. Herr Müller: „Das ändert nichts an unserem Verhalten."	....
8. Herr Hauser: „Die wirtschaftliche Situation in Werk A macht mir Sorgen. Dabei muss ich besonders auf die Personalkosten hinweisen."	....
9. Herr Schmidt: „Ich habe mit dem Kunden telefoniert, um einen späteren Liefertermin zu vereinbaren. Aber Herr Müller hat mir unmissverständlich klargemacht, dass er nicht bereit ist, länger zu warten."	....

Wörtliche Rede	Protokoll
10. Frau Knober: „Die Informationen sind für uns jetzt sehr wichtig. Sie zeigen die neueste Entwicklung."	....
11. Herr Krause: „Wir helfen Ihnen gern."	....

Lösungen:

Bei der indirekten Rede können Sie sich selbstverständlich für die Lösungen „mit" einleitendem „dass" entscheiden. Bedenken sollten Sie jedoch: Ein Text mit weniger „dass-Sätzen" wirkt eleganter und ist angenehmer zu lesen.

1. a) Herr Lange berichtet, dass die Konkurrenz eine neue Lagerhalle baue.
   b) Herr Lange berichtet, die Konkurrenz baue eine neue Lagerhalle.

2. a) Frau Schwarz betont, dass wir uns um den Auftrag bemühen müssten.
   b) Frau Schwarz betont, wir müssten uns um den Auftrag bemühen.

3. a) Herr Seemann erklärt, dass das Haus schon verkauft sei. Das habe ihm der Makler mitgeteilt.
   b) Herr Seemann erklärt, das Haus sei schon verkauft. Das ...

4. a) Frau Harder hebt hervor, dass ein Betriebskindergarten zu den besonderen Sozialleistungen eines Großunternehmens gehöre.
   b) Frau Harder hebt hervor, ein Betriebskindergarten gehöre zu den besonderen Sozialleistungen eines Großunternehmens.

5. a) Frau Sommer behauptet, dass wir keine andere Entscheidungsmöglichkeit hätten.
   b) Frau Sommer behauptet, wir hätten keine andere Entscheidungsmöglichkeit.

6. a) Herr Holz bemerkt, dass er darauf spontan keine Antwort geben könne. Er müsse vorher mit seinem Vorgesetzten sprechen.
   b) Herr Holz bemerkt, er könne darauf spontan keine Antwort geben. Er ...

7. a) Herr Müller bekräftigt, dass das nichts an unserem Verhalten ändere.
   b) Herr Müller bekräftigt, das ändere nichts an unserem Verhalten.

8. a) Herr Hauser bedauert, dass ihm die wirtschaftliche Situation in Werk A Sorgen mache. Dabei müsse er besonders auf die Personalkosten hinweisen.
   b) Herr Hauser bedauert, ihm mache die wirtschaftliche Situation in Werk A Sorgen. Dabei ...

9. a) Herr Schmidt argumentiert, dass er mit dem Kunden telefoniert habe, um einen späteren Liefertermin zu vereinbaren. Aber Herr Müller habe ihm unmissverständlich klargemacht, dass er nicht bereit sei, länger zu warten.
   b) Herr Schmidt argumentiert, er habe mit dem Kunden telefoniert, um ...

10. a) Frau Knober weist darauf hin, dass die Informationen für uns jetzt sehr wichtig seien. Sie zeigten die neueste Entwicklung.
    b) Frau Knober weist darauf hin, die Informationen seien für uns jetzt sehr wichtig. Sie würden die neueste Entwicklung zeigen.

11. a) Herr Krause bekräftigt, dass wir ihr gern helfen würden.
    b) Herr Krause bekräftigt, wir würden ihr gern helfen.

Andere Arten Teilnehmerbeiträge wiederzugeben

Wörtliche Rede	Protokoll
1. Herr Dr. Zimmer: „Den Vorgang habe ich nie gesehen."	....
2. Frau Schneider: „Ich habe die Unterlagen erst heute bekommen."	....
3. Herr Klein: „Ich hätte gerne eine Kopie dieser Akten."	....

Lösungen:

1. a) Herr Dr. Zimmer behauptet, den Vorgang nie gesehen zu haben.
   b) Wie Herr Dr. Zimmer behauptet, hat er den Vorgang nie gesehen.
   c) Herr Dr. Zimmer will diesen Vorgang nie gesehen haben.
   d) Nach Herrn Dr. Zimmers Behauptung hat er diesen Vorgang nie gesehen.

2. a) Frau Schneider teilt mit, die Unterlagen erst heute bekommen zu haben.
   b) Wie Frau Schneider erklärt, hat sie die Unterlagen erst heute bekommen.
   c) Frau Schneider will diese Unterlagen erst heute bekommen haben.
   d) Nach Frau Schneiders Darlegung hat sie diese Unterlagen erst heute bekommen.

Vorsicht:

Einige dieser Formulierungen (1. und 2.) könnten zu sehr der Meinung des Protokollführers entsprechen und damit die objektive Darstellung gefährden.

Ohne indirekte Rede:

3. a) Herr Klein wünscht eine Kopie dieser Akten.
   b) Herr Klein möchte eine Kopie dieser Akten.
   c) Herr Klein bittet um eine Kopie dieser Akten.
   d) Herr Klein fordert eine Kopie dieser Akten.

10 Nachbereitungsphase

10.1 Anerkennung

Ein Protokoll, das als Beweismittel dienen soll, muss von allen Teilnehmern als richtig und wahr anerkannt werden. Vor der endgültigen Anerkennung müssen Widersprüche möglich sein. Das bedeutet, dass das Protokoll – vor dem Verteilen an den gesamten Empfängerkreis – den Teilnehmern zugesandt wird oder dass das Protokoll in der nächsten Sitzung verlesen wird. Beim Versenden des Protokolls wird eine Widerspruchsfrist angegeben. Wird innerhalb dieser Frist nicht widersprochen, gilt das Protokoll als anerkannt. Werden Einwendungen erhoben, dann sind diese dem Vorsitzenden schriftlich mitzuteilen. Die Einsprüche werden zu Beginn der nächsten Sitzung verhandelt und in das neue Protokoll aufgenommen. Wenn das Protokoll nicht versandt, sondern in der Folgesitzung verlesen wird, ist mit den Widersprüchen ebenso zu verfahren.

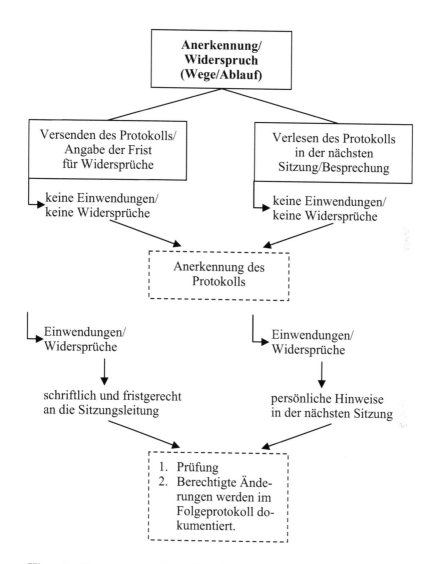

Anerkennung/ Widerspruch (Wege/Ablauf)

Versenden des Protokolls/ Angabe der Frist für Widersprüche

keine Einwendungen/ keine Widersprüche

Verlesen des Protokolls in der nächsten Sitzung/Besprechung

keine Einwendungen/ keine Widersprüche

Anerkennung des Protokolls

Einwendungen/ Widersprüche

schriftlich und fristgerecht an die Sitzungsleitung

Einwendungen/ Widersprüche

persönliche Hinweise in der nächsten Sitzung

1. Prüfung
2. Berechtigte Änderungen werden im Folgeprotokoll dokumentiert.

Hinweis: **Das ursprüngliche Protokoll wird nicht geändert. Die Richtigstellung wird im Folgeprotokoll vorgenommen. Zur Beweisführung werden zwei Protokolle benötigt.**

10.2   Verteilen

Das fertige Protokoll wird vom Vorsitzenden und vom Protokollführer unterschrieben und damit von diesen als richtige und wahre Darstellung des Sitzungsverlaufes gekennzeichnet.

Aufgrund interner Regelungen erhält ein bestimmter Empfängerkreis je ein Exemplar des Protokolls.

Üblich ist es, das vollständige Protokoll zu senden an

a) alle Teilnehmer,

b) Personen, die zum Gremium gehören, jedoch an nicht dieser Besprechung teilnehmen konnten,

c) Personen, die nicht zum Gremium gehören – zum Beispiel Vorstand, Geschäftsführung –, die über den Verlauf unterrichtet werden müssen.

Auszüge aus dem Protokoll erhalten

a) Personen, für die nur bestimmte Tagesordnungspunkte von Bedeutung sind,

b) Personen, für die lediglich Aufträge mit Terminangaben wichtig sind.

10.3   Stand der Umsetzung

Der Zeitraum zwischen zwei Sitzungen (Besprechungen) kann Wochen oder Monate betragen. Für viele Verantwortliche ist es wichtig, zwischendurch etwas über die Umsetzung der Aufträge und Beschlüsse zu erfahren.

Es kann daher sinnvoll sein, einen Mitarbeiter damit zu beauftragen, diese Daten ständig zu pflegen und abrufbereit zu halten.

Beispiel:

Projekt XY	9. Dezember 2015	
	Stand der Umsetzung der Beschlüsse/Aufträge aus der Sitzung vom 23. Oktober 2015	
Tagesord-nungspunkt	Beschluss/Auftrag	Stand

10.4 Terminüberwachung

Jede Person, die in der Sitzung einen Auftrag erhalten hat, der im Protokoll festgehalten wurde, ist für die Termineinhaltung selbst verantwortlich. Zur Unterstützung kann im Protokoll durch einen Randvermerk auf die Erledigung hingewiesen werden.

Beispiel:

	Erledigung	
	durch	bis
Die Kundenliste muss vor der nächsten Sitzung im Sekretariat vorliegen.	Peter Wolf	14. Januar 2016

Vor dem Versenden des Protokolls können die Erledigungsvermerke farblich gekennzeichnet werden. Es entstehen so genannte **Ampel-Termine:**

rot → eilt sehr
grün → eilt
gelb → wichtig

Darüber hinaus kann an zentraler Stelle eine Terminüberwachung vorgenommen werden. Die einzelnen Aufträge werden nach Erledigungsterminen geordnet und überwacht.

Beispiel:

Termin	Beauftragter	Auftrag	Protokoll vom
14. Januar 2016	Peter Wolf	Kundenliste	9. Dezember 2015
20. Januar 2016	Gerd Hausmann	Plan A	27. November 2015
4. Februar 2016	Eva Kleinert	Bericht über Baustelle 7	16. Dezember 2015

10.5   Archivierung

Neben der Ablage durch die einzelnen Empfänger des Protokolls ist in vielen Fällen eine zentrale Archivierung sinnvoll.

Die chronologische Ablage als alleiniges Ordnungskriterium reicht dann oft nicht aus. Besser ist es, zunächst alphabetisch die ständig wiederkehrenden Sitzungen zu ordnen, und zwar von A (Aufsichtsratssitzungen) über P (Personalleitertagungen) bis Z (Zentraleinkaufsbesprechungen). Innerhalb dieser Ordnung kann dann chronologisch abgelegt werden.

Ergänzend dazu kann ein Stichwortverzeichnis angelegt werden.

Stichwörter können sein:

– Personalfragen
– Lizenzen
– Sonderverträge
– Projekte

Nach jeder Sitzung wird unter dem jeweiligen Stichwort ein Protokollvermerk angebracht. So hat man eine Übersicht, in welchen Protokollen welche Sachverhalte festgehalten wurden. Anstelle der früheren Stichwortkarteien werden heute Dateien angelegt, die ein schnelles Speichern und Abrufen ermöglichen.

Teil III

11 Zwecke des Berichtes

Über einen bestimmten Sachverhalt – zum Beispiel über eine Sitzung oder Verhandlung, eine Tätigkeit, ein Gespräch oder eine Absicht – soll genau und vollständig berichtet werden. Die Leser sollen sich ein richtiges Bild über das Geschehene oder Beabsichtigte machen können.

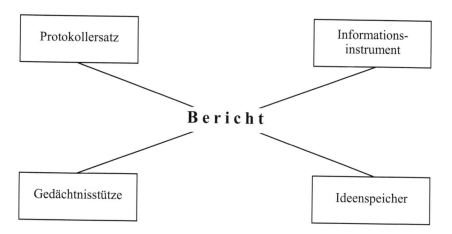

11.1 Der Bericht als Protokollersatz

Im Gegensatz zum Protokoll, das der Protokollführer während einer Sitzung oder Verhandlung aufnimmt, wird der Bericht anschließend aus dem Gedächtnis oder anhand von Notizen erstellt.

Bei kurzen Besprechungen mit wenigen Teilnehmern wird im Allgemeinen kein Protokoll geführt. Nach dem Ablauf ergibt sich oft, dass einige Punkte so wichtig sind, dass sie dokumentiert werden müssen. Der Bericht als Protokollersatz – in Form einer Aktennotiz (Besprechungsnotiz/Bürovermerk/Projektnotiz) – ist dann eine geeignete Form, das festzuhalten, was für den Verfasser und/oder die Adressaten von Bedeutung ist.

11.2 Der Bericht als Informationsinstrument

Klare und sachliche Berichte werden als externe und interne Informationsinstrumente eingesetzt. Die Leser werden über Tatbestände, Entwicklungen und Absichten unterrichtet. Viele Unternehmen und Verwaltungen verfügen über eine ausgereiftes Informationssystem, das aus verschiedenen Berichtsarten besteht.

11.3 Der Bericht als Gedächtnisstütze

Bei Vorgängen, deren Abwicklung sich über einen längeren Zeitraum erstreckt, besteht die Gefahr, dass wichtige Informationen von neuen Eindrücken überlagert und verdrängt werden. Für die Verantwortlichen ist es daher sinnvoll, bedeutende Vorkommnisse oder Aussagen festzuhalten. Berichte, die für diesen Zweck oft nur stichwortartig erstellt werden, können dann eine wertvolle Gedankenstütze sein.

11.4 Der Bericht als Ideenspeicher

Viele Projekte reifen über eine längere Zeit. Besonders in kreativen Phasen sollten die anfallenden Ideen, Handlungsalternativen und Lösungsansätze notiert werden, um sie später auszuwerten und zu ergänzen.

12 Berichtsarten

Im Allgemeinen ergibt sich die Art des Berichtes aus dem Schreibanlass von selbst. Zu unterscheiden ist dabei, ob es sich um Informationen handelt, die nur innerbetrieblichen Wert haben, oder um Sachverhalte, die auch für die Öffentlichkeit von Bedeutung sind.

Je nach Art der Unternehmung oder Verwaltung besteht ein anderes Informationsbedürfnis. Daher gibt es in der Praxis weitere, sehr spezielle Berichtsarten.

12.1 Interne Berichte

12.1.1 Aktennotizen

Aktennotizen sind eine häufig vorkommende innerbetriebliche Berichtsart. Sie werden nach einem Ereignis angefertigt. Oft haben sie den Charakter eines Kurzprotokolls. Jedoch sind die formalen Anforderungen wesentlich geringer als bei der Protokollführung.

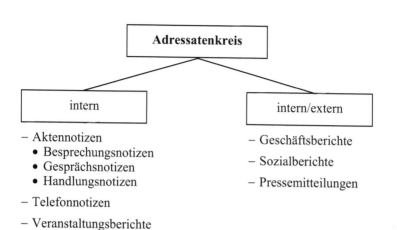

- Aktennotizen
  - Besprechungsnotizen
  - Gesprächsnotizen
  - Handlungsnotizen
- Telefonnotizen
- Veranstaltungsberichte
- Interne Mitteilungen

- Geschäftsberichte
- Sozialberichte
- Pressemitteilungen

Häufig entfällt die Anerkennung der Inhalte durch andere Beteiligte. Oft werden andere Personen gar nicht über die Anfertigung der Niederschriften informiert. Als Beweismittel sind Aktennotizen daher nur eingeschränkt zu verwenden.

12.1.1.1 Besprechungsnotizen

Von einzelnen Besprechungspunkten werden kurz die Ausgangslage, wesentliche Beiträge und die Ergebnisse festgehalten (11.1).

12.1.1.2 Gesprächsnotizen

Gespräche mit Kunden, Vorgesetzten, Kollegen oder Mitarbeitern können sich im Nachhinein als so bedeutsam erweisen, dass ein Gesprächspartner die Notwendigkeit sieht, das Wesentliche daraus festzuhalten. Diese Notizen werden entweder als Informationsinstrument für einen oder mehrere innerbetriebliche Adressaten genutzt oder sie dienen den Schreibenden in Form einer Eigennotiz als Erinnerungsstütze.

12.1.1.3 Handlungsnotizen

Handlungsnotizen werden auch als Situationsberichte bezeichnet. Vom Verfasser werden Merkmale in einer bestimmten Situation beobachtet, die er anschließend in Form eines Berichtes niederschreibt.

Beispiele:

- Ein Architekt (oder der Bauherr) hält die Situation auf einer Baustelle fest.
- Ein Außendienstmitarbeiter schildert die Eindrücke, die er im Betrieb des Kunden gewonnen hat.
- Ein Ausbildungsberater berichtet über die Verhältnisse in einem Ausbildungsbetrieb.

12.1.2 Telefonnotizen

Mit einer Telefonnotiz wird kurz und knapp das Wesentliche eines Telefonats festgehalten. Mindestens sollten angegeben werden:

- Datum und Uhrzeit
- Anrufer (Name, Titel, Rang, Firma, Telefonnummer)
- Adressat
- Grund/wesentliche Aussagen
- aufnehmende Person

Für die Anfertigung kann es folgende Gründe geben:

- Telefongespräche werden für andere entgegengenommen. Die eigentlichen Adressaten werden per Notiz gebeten, etwas zu tun, auszuarbeiten, festzustellen, zurückzurufen, usw.
- Die Telefongespräche sind direkt für den Empfänger bestimmt. Die Notizen dienen als Gedankenstütze bis die Angelegenheit erledigt ist, oder sie werden zur termingerechten Erfüllung in die Wiedervorlage gelegt.
- Telefonate können so wichtig sein, dass sie aktenkundig gemacht werden müssen. Die Telefonnotizen erhalten dann den Charakter von Aktennotizen.

12.1.3 Veranstaltungsberichte

In vielen Unternehmen lassen Vorgesetzte von Mitarbeitern, die an einem Seminar, einer Tagung oder an einem Kongress teilnehmen, nach der Veranstaltung einen Bericht erstellen.

Diese Zusammenfassung über Ablauf und Inhalt kann folgenden Zwecken dienen:

- Es wird geprüft, ob die Angaben in den Einladungen und Programmen mit dem tatsächlichen Geschehen übereinstimmen.
- Die Beurteilung des Preis-Leistungs-Verhältnisses wird erleichtert.

- Der Vorgesetzte kann sich über den veränderten Wissensstand des Mitarbeiters ein Bild machen.
- Der Bericht ist eine Entscheidungshilfe bei der Frage, ob auch andere Mitarbeiter diese oder ähnliche Veranstaltungen besuchen sollen.

12.1.4 Interne Mitteilungen

Mitteilungen an die Mitarbeiter werden entweder an zentraler Stelle veröffentlicht, zum Beispiel am schwarzen Brett oder in einem Schaukasten, oder sie erscheinen in der Werkszeitung oder im Intranet des Unternehmens.

Der Anlass für diesen Informationsfluss kann externen oder internen Ursprungs sein.

Beispiele:

Externe Gründe

- Änderungen von Gesetzen und Tarifverträgen
- Politische, wirtschaftliche und soziale Entscheidungen, die für das Unternehmen relevant sind
- Veröffentlichungen in den Medien

Interne Gründe

- Betriebsvereinbarungen
- Änderungen der Organisationsstruktur
- Neue Produktionsverfahren
- Informationen über die wirtschaftliche Lage

12.2 Interne und externe Berichte

Geschäftsberichte und Sozialbilanzen haben für die Unternehmen einen völlig anderen Stellenwert als die bisher behandelten Berichtsarten. Sie werden von der obersten Unternehmensleitung verantwortet.

12.2.1 Geschäftsberichte

Für Unternehmen, die in bestimmten Rechtsformen geführt werden, zum Beispiel Aktiengesellschaften, ist die Aufstellung eines Geschäftsberichtes gesetzlich vorgeschrieben. Das gilt auch für einige Branchen, wie Bausparkassen und Versicherungen.

Inhalt:

Neben einem allgemeinen Teil, der den Geschäftsverlauf und die Lage der Gesellschaft zum Inhalt hat, werden in einem speziellen Teil der Jahresabschluss erläutert und wesentliche Abweichungen gegenüber dem Vorjahr begründet.

12.2.2 Sozialberichte

Der Geschäftsbericht kann durch einen Sozialbericht ergänzt werden. Eine gesetzliche Verpflichtung zur Erstellung eines solchen Berichtes besteht nicht. Auch Unternehmen, die zur Erstellung von Geschäftsberichten nicht verpflichtet sind, können Sozialberichte veröffentlichen.

Inhalt:

Zunächst werden allgemeine Daten angegeben, damit sich der Leser ein Bild über das Unternehmen machen kann.

Beispiele:

– Organisationsstruktur
– Produkte, Projekte oder Dienstleistungen
– Anzahl der Mitarbeiter, Mitarbeiterstruktur

Der wesentliche Teil des Sozialberichtes besteht in der Darstellung der Sozialleistungen des Unternehmens.

Beispiele:

– Aus- und Weiterbildung
– Arbeitszeiten
– Urlaubsregelungen
– Freizeitgestaltungen
– Werkswohnungen
– Gratifikationen
– Gewinnbeteiligungen
– Altersversorgungen

Zunehmend sehen sich Unternehmen veranlasst, sich in diesem Zusammenhang gegenüber der Umwelt zu legitimieren und nehmen entsprechende Aussagen auf.

Beispiele:

– Umgang mit Rohstoffen und Energie
– Produktionsverfahren
– Verpackung
– Entsorgung

12.2.3 Pressemitteilungen

Eine Organisation kann selbst die Initiative ergreifen, die Öffentlichkeit über bestimmte Sachverhalte zu informieren. Sie lässt der Presse eine Mitteilung – in Form eines Berichtes – zukommen.

Gründe:

- Standpunkt des Unternehmens zu Themen, die zurzeit in den Medien diskutiert werden
- Beabsichtigte Unternehmenszusammenschlüsse
- Änderungen in der Organisationsstruktur
- Neue technische Verfahren
- Beiträge zum Umweltschutz

Die Redaktionen behalten sich bei längeren Berichten vor, diese vor der Veröffentlichung zu kürzen. Um das zu vermeiden, sollten Pressemitteilungen direkt kurz, knapp und präzise verfasst werden.

Sollte es dennoch zur Kürzung kommen, dann gewöhnlich vom Ende her. Daher gilt bei der Pressemitteilung der Grundsatz: Das Wichtigste muss am Anfang stehen.

13 Aufbau des Berichtes

13.1 Abhängigkeit von der Berichtsart

Je nach Art des Berichtes wird der Aufbau unterschiedlich sein. Auf die Besonderheiten von Berichten, die auch für externe Empfänger bestimmt sind, soll an dieser Stelle verzichtet werden.

Bei der folgenden Beschreibung stehen die Berichte im Vordergrund, die – oft als Protokollersatz – an einen internen Adressatenkreis gerichtet werden. Dabei ist nicht nur entscheidend, dass der Verfasser sich klar und deutlich ausdrückt. Wichtig ist auch, dass der Leser durch die Gliederung schnell einen Überblick gewinnt und sich die entscheidenden Details merken kann.

Für die Gestaltung gibt es keine strengen Maßstäbe. Empfehlenswert ist es, sich an ein bestimmtes Schema zu gewöhnen.

Der Bericht kann wie folgt gegliedert werden:

Kopf
Hauptteil
Schluss

13.2 Berichtsrahmen

Der Rahmen des Berichtes besteht – wie beim Protokoll – aus Kopf und Schluss. Die inhaltlichen Angaben werden von diesem Rahmen umschlossen.

13.2.1 Berichtskopf

Im Kopf des Berichtes sollten bestimmte Grundinformationen enthalten sein.

Wer?   Unternehmen
Zunächst wird das Unternehmen genannt, dann die organisatorische Eingliederung der Verfasser (Bereich, Abteilung, Filiale, ...)

Berichterstatter
Die Namen der Berichterstatter sollten immer angegeben werden. Das gilt auch bei der Eigennotiz. Grund: Zu einem späteren Zeitpunkt könnten die Unterlagen/Akten von anderen Mitarbeitern oder von Vorgesetzten bearbeitet oder gesichtet werden.

Was?   Überschrift – Berichtsart
Es wird aufgeführt, ob es sich um eine Aktennotiz, Telefonnotiz, interne Mitteilung oder um eine andere Berichtsart handelt.

Berichtsthema
Im Gegensatz zum Protokoll geht man nicht von einer Tagesordnung aus. Es wird ein Thema oder es werden die Besprechungspunkte genannt.

Beispiele:

- Personalförderung in Werk IIa

- Zustand der Produktionsanlagen in Fertigungshalle 4

- Vorbereitung der Hannover Messe 2016

Wo? Ortsangaben

Wie präzise die Ortsangabe sein muss, hängt davon ab, ob sich die Schilderung auf ein Geschehen innerhalb des Hauses bezieht oder ob sich der Vorgang an einem anderen Ort, eventuell in der Firma eines Kunden abspielte. Detailliertere Angaben sind erforderlich, wenn es sich um externe Stellen handelt.

Beispiele:

- Büro des Betriebsrates

- Werk I, Zimmer 407

- Schrader & Koller
  Geschäftsleitung
  Marktplatz 7
  51491 Overath

Wann? Der Tag der Handlung sollte immer angegeben werden.

Zeit und Dauer können je nach Berichtsart und -thema von Bedeutung sein.

Beispiele:

Bei einer Telefonnotiz kann der Zeitpunkt des Anrufes sehr wichtig sein, damit der Adressat genau weiß, wie lange der Vorgesetzte, Kunde oder eine andere Person schon auf eine wichtige Unterlage, eilige Nachricht oder Ähnliches wartet. Die Dauer des Telefongespräches ist in den meisten Fällen uninteressant.

Bei der Beschreibung eines Vorganges dagegen kann es sehr informativ sein, wenn die Zeitspanne, in der sich das Geschehen abspielte, genannt wird.

Wer? Anwesende

Es werden die Personen aufgeführt, die entweder Gesprächspartner waren oder deren Anwesenheit aus anderen Gründen Auswirkungen auf die geschilderte Situation hatte.

Zu den Namen sollten Angaben über Funktion, organisatorische Eingliederung und gegebenenfalls über das Unternehmen gemacht werden.

Beispiele:

- Herr Peter Rudolf, Abteilungsleiter Einkauf

- Dr. Marga Leitmann, OE 74

- Frau Else Lobber, Geschäftsführerin,
  Kleinermann GmbH, Industriestraße 14,
  40599 Düsseldorf

Beispiel für den Kopf einer „formlosen" Aktennotiz:

Carl Krauser   Peter Fortmann
GmbH & Co. KG   Abteilungsleiter
Verkaufsabteilung

Aktennotiz

Besprechung   „Vorbereitung der Hannover Messe 2016"

Ort   Werk I, Zimmer 407

Tag   15. Dezember 2015

Zeit   10:00 – 11:45 Uhr

Teilnehmer   Rainer Binser, Verkaufsdirektor
                              Jutta Krause, Marketing
                              Ulrich Staader, Marketing
                              Peter Fortmann, Verkauf

13.2.2 Berichtsschluss

Die Gestaltung des Schlusses liegt – sofern es keine hausinternen Vorgaben gibt – weitgehend im Ermessen der Verfasser. Oft ist es ausreichend, wenn diese den Bericht unterschreiben.

Werden formal strengere Maßstäbe angelegt, dann kann die Gestaltung des Schlusses so wie beim Protokoll vorgenommen werden (9.2.1.2).

Wo? Wenn der Erstellungsort vom Handlungsort abweicht, ist es sinnvoll, den Ort der Erstellung anzugeben.

Wann? Der Tag der Fertigstellung lässt erkennen, wie viel Zeit seit dem Anlass für den Bericht vergangen ist.

Wer? Der Verfasser unterschreibt. Je nach Art und Bedeutung kann eine weitere Person – im Allgemeinen der Vorgesetzte – ebenfalls unterschreiben. Die Unterschriften sollten computerschriftlich wiederholt werden.

Was? Unterlagen, die den Text sinnvoll ergänzen, werden als Anlage beigefügt.

An wen? Im Verteiler werden alle Personen genannt, die eine Ausfertigung dieses Schriftstücks erhalten.

Beispiel für die Gliederung des Schlusses der Aktennotiz:

Overath, 16. Dezember 2015

Rainer Binser   Peter Fortmann
Direktor Verkauf   Abteilungsleiter
                                       Verkauf

Anlage
1 Messebericht 2015

Verteiler
Dr. Heinz Raabe, Kaufmännische Leitung
Irena Krumbe, Öffentlichkeitsarbeit

13.3 Berichtshauptteil

Der Bericht wird – wenn Besprechungspunkte behandelt werden – zunächst nach diesen und dann nach Absätzen gegliedert. Wird ein Thema behandelt, wird der Text in Absätze eingeteilt.

13.3.1 Aufbau

Der Aufbau ist abhängig von der Art des Berichtes. Dient der Text dem Verfasser und den Adressaten als Erinnerungsstütze, dann ist es sinnvoll, den Aufbau chronologisch vorzunehmen.

```
1. Ausgangslage

2. Ereignis/Situation

3. Folgerungen
```

Wird über ein Geschehen berichtet, das für einen größeren Kreis bestimmt ist und das gleich am Anfang den Leser interessieren soll, dann steht das Wichtigste in den ersten Sätzen. Die Erläuterungen dazu folgen in den nächsten Absätzen. Weitergehende Informationen – zum Beispiel Folgerungen – runden den Text ab.

```
1. Ereignis/Situation/
   Höhepunkt

2. Erläuterungen/
   Einzelheiten

3. Folgerungen
```

13.3.2 Inhaltliche Gestaltung

13.3.2.1 Bezug zum Adressatenkreis

Oft schreiben Verfasser den Bericht nicht nur als Merkhilfe für sich, sondern auch als Information für eine oder mehrere Personen. Dabei ist zu berücksichtigen, dass die Adressaten wenig Zeit haben. Der Inhalt soll daher auf das Notwendige beschränkt werden. Was aber ist das unbedingt Notwendige?

Die Bedeutung eines Vorganges für die Verfasser und das Interesse der Adressaten müssen nicht identisch sein. So mag es für einen Verfasser nachhaltig beeindruckend sein, wie massiv ein Kunde sich beschwert hat. Für die Adressaten – Vorgesetzte, Geschäftsführer oder andere – ist es wichtiger zu wissen, wer sich beschwert hat, wer noch dabei war, zum Beispiel andere Kunden, und vor allem, warum es dazu gekommen ist. Die Berichterstatter sollten eine ausgewogene Darstellung in Bezug auf „Geschehensbezug" und „Adressatenbezug" gewährleisten.

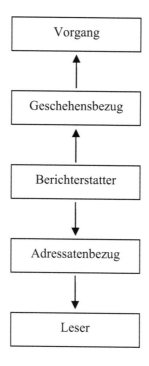

13.3.2.2 Die sieben „Ws"

Eine brauchbare Grundregel für die informative Berichterstattung ist, das Geschehen durch die Beantwortung der sieben W-Fragen darzustellen.

Wer ?	Wer hat es getan, veranlasst oder beeinflusst? Wer will etwas machen? Wer war dabei?
Was ?	Was ereignete sich? Worüber soll berichtet werden?
Wo ?	Wo passierte es?
Wann ?	Wann – Datum, Beginn und Ende – kam es dazu?
Wie ?	Wie war der Ablauf?
Warum ?	Warum kam es zu dem Ereignis?
Womit?	Womit kann etwas verbessert werden? Welche Maßnahmen können getroffen werden?

Ob alle „Ws" beantwortet werden sowie Reihenfolge und Gewichtung hängen von der Art des Berichtes, dem Inhalt und dem Adressatenkreis ab.

Beispiel:

Wer?	Hans Lechtermann, Geschäftsführer der Klein & Streicher GmbH (Stammkunde) Peter Wurm, Niederlassungsleiter
Was?	Beschwerde über die mangelhafte Beratung und Betreuung durch den neuen Außendienstmitarbeiter
Wo?	Verkaufsbüro der Niederlassung Köln
Wann?	15. Dezember 2015, 10:00 – 10:45 Uhr
Wie?	Der Kunde ist zunächst aufgebracht. Nach entsprechenden Erklärungen und Zusicherungen zeigt er kooperatives Verhalten.
Warum?	Peter Sommer, der neue Außendienstmitarbeiter (noch in der Probezeit), scheint trotz ausreichender Einarbeitung einen erheblichen Mangel an Fachkenntnissen und an persönlichen Fähigkeiten für diese Aufgabe zu haben.
Womit?	Kunde: Betreuung durch erfahrenen Außendienstmitarbeiter/ Kulanz Herr Sommer: Beobachtung/Gespräch/ggf. Probezeit nutzen

Aus dieser „W-Hilfe" könnte folgende Aktennotiz entwickelt werden:

Autohaus Löhrer KG	Peter Wurm
Niederlassung Köln	Niederlassungsleiter

A k t e n n o t i z

Thema:	Kundengespräch über einen Außendienstmitarbeiter
Ort:	Verkaufsbüro
Tag:	11. Dezember 2015
Zeit:	10:00 – 10:45 Uhr
Teilnehmer:	Hans Lechtermann, Geschäftsführer der Klein & Streicher GmbH
	Peter Wurm, Niederlassungsleiter

- -

Herr Lechtermann wies verärgert darauf hin, dass seine Firma – seit Jahren Abnehmer von Nutzfahrzeugen – von Herrn Peter Sommer, unserem neuen Außendienstmitarbeiter, fachlich nicht richtig beraten und außerdem nicht ausreichend betreut werde.

So habe er ihn und seine Mitarbeiter über die wichtigen technischen Unterschiede der Typen 410 A und 420 A nicht ausreichend informiert, so dass in seinem Hause eine Fehlentscheidung getroffen worden sei.

Am vergangenen Dienstag, 8. Dezember 2015, habe er Herrn Sommer telefonisch um einen kurzfristigen Besuch gebeten. Zum vereinbarten Termin am Mittwoch, 9. Dezember 2015, 11:00 Uhr, sei dieser nicht erschienen. Danach habe er sich auch nicht gemeldet.

Herr Lechtermann war sehr ungehalten und verlangte von mir sofortiges Handeln. Ich sagte ihm zu, dass die Betreuung und Beratung durch einen erfahrenen Außendienstmitarbeiter übernommen werde. Beim nächsten Kaufvertrag würden wir ihm außerdem entgegenkommen. Das wurde von Herrn Lechtermann akzeptiert. Er bedankte sich für das unbürokratische Verhalten.

- -

Mit Herrn Sommer, der von der Zentrale in Düsseldorf ausgewählt und geschult wurde, sollte umgehend ein Gespräch geführt werden. Meine Vorschläge für das weitere Vorgehen: Herr Sommer wird mit der Firma Klein & Streicher GmbH den Kontakt nicht wieder aufnehmen. Andere wichtige Kunden besucht er zunächst nur in Begleitung eines erfahrenen Kollegen. In der restlichen Probezeit wird er verstärkt beobachtet.

Für die Betreuung des Kunden Klein & Streicher GmbH muss ein zuverlässiger Außendienstmitarbeiter bestimmt werden. Ich halte Herrn Lothar Fiebers, der früher für diesen Kunden zuständig war, für geeignet.

Köln, 15. Dezember 2015

Peter Wurm
Niederlassungsleiter

Verteiler
Dr. Fritz Murzer, Verkaufsleiter Düsseldorf

14 Sprachliche Gestaltung des Berichtes

14.1 Sachstil

Durch den Bericht soll der Leser schnell und zuverlässig Kenntnis von bedeutenden Vorfällen und Ereignissen erhalten. Rasch und einwandfrei muss er die Sachverhalte erfassen können. Daraus folgt, dass kurz und prägnant das Wesentliche dargestellt und alles Belanglose weggelassen wird.

Die Texte sollen einfach und verständlich, dennoch klar und informativ, vollständig, sachlich und wahr formuliert werden.

Für Floskeln, umständliche Formulierungen und veraltete Redewendungen ist in Berichten kein Platz.

14.2 Darstellungszeit

Da die Verfasser über Ereignisse berichten, die sich in der Vergangenheit abspielten, wählen sie im Allgemeinen auch die Zeitform der Vergangenheit (Präteritum/Imperfekt).

Die Gegenwart (Präsens) empfiehlt sich für Berichte (oder Teile eines Berichtes) über noch andauernde Sachverhalte. Diese Zeitform kann auch gewählt werden, wenn ein Geschehen besonders aktuell und spannend dargestellt werden soll.

Beispiel:

„Der Kunde kommt herein. Er verlangt sofort den Geschäftsführer."

14.3 Objektivität – Subjektivität

Von der Zeitung erwarten wir eine wahrheitsgetreue Berichterstattung. Ereignisse, die allgemein interessieren, sollen objektiv dargestellt werden. Der Journalist kann seine Meinung im Kommentar – sauber von der Nachricht getrennt – wiedergeben.

Auch beim geschäftlichen Bericht ist zu unterscheiden, ob vom Verfasser eine Stellungnahme verlangt wird oder ob eine neutrale, unvoreingenommene Berichterstattung gewünscht wird.

Beim *objektiven* Bericht tritt der Schreiber zurück. Seine gefühlsmäßige Haltung zur Sache ist nicht erkennbar. Voraussetzung für diese Objektivität ist natürlich im Vorfeld die genaue und gründliche Beobachtung des Geschehens. Bei der sprachlichen Abfassung bietet dann die Anwendung des Konjunktivs – wie beim Protokoll – eine gute Möglichkeit, diese Distanz zu betonen.

Je nach Berichtsart ist es auch möglich – vielleicht erwünscht – dass der Verfasser seine *subjektiven* Eindrücke zu einem Ereignis einbringt. Wichtig ist, dass Tatsachen und Meinungen klar getrennt werden und damit eindeutig erkennbar sind. Wenn der Berichterstatter hier auch eine größere Freiheit in der Wahl der sprachlichen Mittel hat als beim Protokoll, so ist doch zu beachten, dass er sich auch bei seinen persönlichen Kommentaren im Rahmen des Sachstils bewegt. So ist zum Beispiel ein Bericht über eine Dienstreise keine Erlebniserzählung mit überschwänglichen Schilderungen besonderer Ereignisse.

15 Checkliste für das Erstellen von Berichten

- Wird der Zweck des Berichtes berücksichtigt?
- Entspricht die Art des Berichtes den Erwartungen des Adressatenkreises?
- Ist der Bericht sinnvoll gegliedert?
- Können aus dem Berichtsrahmen (Kopf und Schluss) Angaben über Personen und Zuständigkeiten schnell entnommen werden?

- Sind die Orts- und Zeitangaben übersichtlich dargestellt?
- Enthält die Überschrift Angaben über die Berichtsart und über das Thema?
- Ist das Thema klar abgegrenzt?
- Wird der Bezug zum Geschehen im Hinblick auf den Adressatenkreis angemessen berücksichtigt?
- Ist der Aufbau logisch?
- Sind alle wichtigen Informationen enthalten?
- Müssen die Leser unbedingt alle Angaben wissen, um die richtigen Schlussfolgerungen zu ziehen? Oder können noch Teile gestrichen werden?
- Sind die Formulierungen kurz und prägnant, aber dennoch klar und verständlich abgefasst?
- Ist der Bericht vollkommen objektiv? Oder sind außer den Tatsachen auch Meinungen und Behauptungen des Verfassers erwünscht?

Literaturverzeichnis

Bäse, Hans-Jürgen/Lambrich, Hans/Lambrich, Margit: Wir protokollieren, Darmstadt 1998

Cerwinka, Gabriele/Schranz, Gabriele: Protokollführung leicht gemacht, Frankfurt 2007

Der paritätische Wohlfahrtsverband: ... und morgen steht es in der Zeitung, Wuppertal 1992

DIN 5008: Schreib- und Gestaltungsregeln für die Textverarbeitung, Berlin 2011

Duden Bd. 1: Die deutsche Rechtschreibung, Berlin 2013

Duden: Geschäftskorrespondenz, Mannheim 2011

Duden Bd. 7: Das Herkunftswörterbuch, Berlin 2014

Eggerer, Wilhelm: Der Bericht, München 1988

Franck, Norbert: Schreiben wie ein Profi, Artikel – Berichte – Briefe, Köln 1995

Gassmann, Heinrich: Protokollführung im Betrieb, wahr – knapp – klar, Zürich 1991

Herres, Ursula, Schreckhaase, Dorette: Die Ausbildung im Sekretariat, Band 2: Textformulierung und Protokollführung, Bad Homburg vor der Höhe 1993

Jonas, Renate: Korrespondenz heute und morgen, Renningen 2014

Kuin, Wim: Protokoll, Besprechungsergebnisse schnell, sicher und richtig zu Papier gebracht, Wiesbaden 1988

Lennartz, Annemarie: Praxis der Protokollführung, Landsberg am Lech 1988

Müller, Gerhard: Das gute Protokoll, München 2006

Neumayer, Gabi: Die sprachliche Seite der Protokollführung, ASSISTENZ 3/1998

Schmitt, Irmtraud: Geschäftsbriefe und E-Mails – schnell und professionell, Göttingen 2010

Stichwortverzeichnis

A

Abhängiger Satz 60
Abkürzungen 26
Adjektive 54
Adressatenkreis 74, 85
Aktennotiz 17, 82, 83, 87
Aktennotizen 74
Allgemeine Vorbereitungen 18
Ampel-Termine 71
Änderung des Personalpronomens
.... 59
Anerkennung 68
Angemessene Formulierungen .. 51
Anlagen 45, 46
Anordnung des Textes 46
Anwesende 81
Archivierung 72
Aufbau des Berichtes 79
Aufbau des Protokolls 31
Aufnahme 22
Aufnahmeverfahren 24
Aufzeichnungen
- überarbeiten 30
Ausführliches Protokoll .. 9, 11, 17

B

Beamer 30
Beiträge 47
Bericht 2, 4, 73
- als Gedächtnisstütze 74
- als Ideenspeicher 74
- als Informationsinstrument 74

- als Protokollersatz 73
- Aufbau 79
- Checkliste für das Erstellen von
.... 89
- Erstellen von 89
- sprachliche Gestaltung 88
- Zweck 73
Berichte
- externe 77
- interne 77
Berichtsart 79, 80
- Überschrift 80
Berichtsarten 74
Berichtshauptteil 84
Berichtskopf 80
Berichtsrahmen 80
Berichtsschluss 83
Besprechungsgegenstand 36
Besprechungsnotizen 74, 75
Beweismittel 5

C

Checkliste 21
- Aufnahme 27
Checkliste für das Erstellen von
Berichten 89

D

Darstellungszeit 58, 88
Das Wesentliche 27
dass-Sätze 52, 65
Dauer 38

Deckblatt.................................15
Dialekt...................................57
Diktiergerät...........................29
direkte Rede...........................58
Dokumentation........................7
Doppelaussagen......................54

E

Einleitewörter........................57
Einleitungssatz.......................60
Einschließendes Personalprono-
men....................................59
Ergebnisprotokoll......9, 13, 14, 17
- Deckblatt............................15
- Sofortprotokoll....................14
Ergebnisse.............................48
Ergebnisse im Verlaufsprotokoll13
Erstellen von Berichten............89
Erstellung des Protokolls..........30
Erstellungsdatum....................44
externe Berichte......................77

F

Formulieren..............................3
Formulierungen
- angemessene.........................51
Fremdwörter...........................55
Füllwörter..............................55

G

Gedächtnisprotokoll.................17
Gedächtnisstütze.........5, 6, 73, 74
Geschäftsberichte.............74, 77
Gesprächsnotiz.......................17
Gesprächsnotizen.............74, 75
Grundlage für das weitere Vorge-
hen 6

Grundlage für die Dokumentation
....5
Grundlage für weiteres Vorgehen 5
Grundsätze.............................50

H

Handlungsnotizen.............74, 75

I

Ideenspeicher....................73, 74
indirekte Rede........................58
Individuelle Abkürzungen........26
Informationen über den Ablauf.20
Informationen über die Teilnehmer....................................21
Informationsinstrument5, 6, 73, 74
inhaltliche Gestaltung.............85
interne Berichte................74, 77
interne Mitteilungen..........74, 77
interne und externe Berichte......77

K

Konjunktiv.............................60
Konjunktivformen...................61
Kontrollinstrument................5, 6
Konzipieren.............................3
kurze Redewendungen.............52
Kurze Sätze...........................52
Kurzprotokoll..............9, 12, 17
Kurzschrift.............................24

L

Langschrift............................24
Laptop...................................30

M

Mitschreiben............................ 28
Modewörter............................ 56

N

Nachbereitungsphase................ 68
Nächster Termin...................... 38
Name des Veranstalters............. 32
Normen.................................. 51
Notizschrift............................ 24

O

Objektivität........................ 51, 89
Offizielle Abkürzungen............. 26
Ort.................................... 35, 44
Ortsangabe............................. 81

P

Papierwörter........................... 55
PC....................................... 30
PC-Mitschrift.......................... 30
Personalpronomen.................... 59
Persönliche Voraussetzungen...... 8
Pleonasmen............................ 54
Präsens................................. 58
Pressemitteilungen.............. 74, 79
Protokoll............................... 2, 4
- Aufbau 31
- ausführliches................... 11, 17
- Ergebnis-......................... 13, 17
- Erstellung des...................... 30
- -hauptteil........................ 32, 46
- -kopf........................... 32, 37, 39
- Kurz-............................. 12, 17
- -rahmen.............................. 32
- -schluss....................... 32, 44, 46

- sprachliche Gestaltung........... 49
- Verlaufs-............................. 10
- wörtliches....................... 10, 17
- Zwecke des 5
Protokollähnliche Niederschriften
.... 17
Protokollarten...................... 9, 17
Protokollersatz....................... 73
Protokollführer......................... 7
Protokollgrundgerüst................ 30
Protokollhauptteil............... 32, 46
Protokollkopf............... 32, 37, 39
Protokollrahmen...................... 32
Protokollschluss........... 32, 44, 46

R

Rede
- direkte................................ 58
- indirekte............................. 58
- wörtliche........................ 63, 67
Redewendungen
- kurze................................. 52

S

Sachkenntnis.......................... 19
Sachliche Voraussetzungen........ 8
Sachstil............................. 49, 88
Sätze
- dass-................................. 52
- kurze 52
sieben Ws............................. 86
Simultanprotokolle................... 30
Sofortprotokoll....................... 14
Sozialberichte.................... 74, 78
sprachliche Gestaltung............. 88
Sprachliche Gestaltung des Be-
richtes.............................. 88
Sprachliche Gestaltung des Proto-
kolls................................. 49
Stand der Umsetzung............... 70

Streckverben 53
Strukturieren 3
Subjektivität 89
Substantive 53
Superlative 55

T

Tablet-PC 30
Tag der Handlung 81
Tagesordnung 36
Tagesordnungspunkte 47
Tautologien 54
Teilnehmer 33
Teilnehmerbeiträge 67
Telefonnotizen 74, 76
Terminüberwachung 71
Thema 36
Tonband 29

U

Überarbeitung der Aufzeichnun-
  gen 30
Überschrift 32, 80
Übungen 63
Umgangssprache 57
Umsetzung
- Stand der 70
Unterlagen 45
Unterschriften 44

V

Veranstaltungsberichte 74, 76
Verben 53, 54

Verhalten 23
- der Teilnehmer 23
- des Protokollführers 24
- des Vorsitzenden 23
Verhandlungsablauf 28
Verlaufsprotokoll 9, 10
- Ergebnisse im 13
Vernehmungsprotokoll 18
Verteilen 70
Verteiler 45, 46
Voraussetzungen 8
- persönlich 8
- sachlich 8
Voraussetzungen für das Protokol-
  lieren 7
Vorbereitung
- allgemein 18
- Protokollführer(in) 19

W

Weglassen 28
Wesentliches
- notieren 27
W-Hilfe 87
wörtliche Rede 63, 67
Wörtliches Protokoll 9, 10, 17
Wunschliste 23

Z

Zeit 38
Zusatzangaben im Protokollkopf
  38
Zwecke des Berichtes 73
Zwecke des Protokolls 5

expert verlag®
Erlesene Weiterbildung®

Dipl.-Betriebsw. (FH) Renate Jonas

Erfolg durch praxisnahe Personalarbeit

Grundlagen und Anwendungen für Mitarbeiter im Personalwesen

2., aktualis. Aufl. 2009, 165 S., 29,80 €, 49,90 CHF
(Kontakt & Studium, 556)
ISBN 978-3-8169-2779-2

Zum Buch:
Dieses Buch gibt einen Überblick über die immer komplexer werdende Aufbau- und Ablauforganisation im Personalwesen.
Es informiert praxisbezogen über Ziele und Organisation des Personalwesens, Planung und Durchführung der Personalarbeit, Mitarbeitermotivation, -führung und -beurteilung, Personalverwaltung, Kommunikation (persönlich, schriftlich, telefonisch).
Um die Zusammenhänge verständlich zu machen, werden die organisatorischen Grundlagen vermittelt. Anhand von praktischen Fällen, Übungen und Darstellungen werden Situationen aus dem Alltag behandelt und wertvolle Tipps zur Bewältigung der täglichen Arbeit gegeben.

Inhalt:
Ziele, Aufgaben und Organisation des Personalwesens – Personalbedarfsermittlung – Personalbeschaffung – Einführung neuer Mitarbeiter – Personaleinsatz – Personalkosten – Fluktuation – Personalabbau – Mitarbeiterführung und -beurteilung – Personalverwaltung – Persönliche Arbeitsorganisation – Telefonverhalten – Korrespondenz

Blätterbare Leseprobe und einfache Bestellung unter:
www.expertverlag.de/2779

Die Interessenten:
– Praktiker (Sachbearbeiter, Sekretärinnen und Assistentinnen), die umfassendes Wissen, auch über ihr Spezialgebiet hinaus, erhalten wollen
– Neue Mitarbeiter, die Grundlagen für die Einarbeitung benötigen
– Mitarbeiter, die als angehende Fachleute oder Fachwirte ihre Kenntnisse für die Prüfung auffrischen und ergänzen wollen
– Studierende, die Basiswissen im Personalwesen erwerben wollen

Die Autorin:
Renate Jonas ist als freiberufliche Dozentin in Seminaren und Lehrgängen tätig. Bei ihrer Referenten- und Autorentätigkeit orientiert sie sich an den Zielen der Unternehmen und der Mitarbeiter. Sie bietet praxisnahe Themen aus den Bereichen Büroorganisation und Bürokommunikation an. Die Inhalte können im Berufsalltag sofort umgesetzt werden.

Bestellhotline:
Tel: 07159 / 92 65-0 • Fax: -20
E-Mail: expert@expertverlag.de

expert verlag ®
Erlesene Weiterbildung®

Dipl.-Kauffrau Vivien Gröning, Kirsten Sass M.A.

WOMAN@WORK

Wege nach dem Abi – Wie FRAU heute Karriere macht.
22 Interviews mit erfolgreichen Frauen

2014, 202 S., 19,80 €, 34,90 CHF
Mit einem Grußwort von Bundesbildungsministerin
Prof. Dr. Johanna Wanka und von Elisabeth Schöppner,
Projektleiterin der Bundeskoordinierungsstelle des
Girls' Days
ISBN 978-3-8169-3237-6

Zum Buch:
Du hast das Abi in der Tasche, die Berufswelt steht Dir offen – und Du
stehst vor einer der schwierigsten Entscheidungen Deines Lebens.
Um den für Dich richtigen Weg einzuschlagen, gibt es unzählige Ent-
scheidungshilfen, Ratgeber, Beratungsstellen. Aber gibt es auch Vorbil-
der? Welche Wege sind die heute erfolgreichen Frauen gegangen? Wie haben einige von ihnen den
Erfolg mit Kinderwunsch und Familienleben vereinbart? – Dieses Buch ist speziell für junge Frauen
konzipiert, die vor der Berufswahl stehen und sich lebendig erzählen lassen wollen, wie andere Frauen es
geschafft haben, sich richtig zu entscheiden und Fuß zu fassen im beruflichen Neuland.

Inhalt:
Die Leidenschaft der 22 interviewten Frauen für ihr Berufs-
feld spiegelt sich in ihren Worten. Dennoch zeichnen sie ein
realistisches Bild ihrer Arbeit und der Herausforderungen,
vor die sie gestellt waren und sind.
Die Frauen sind in ihrer sozialen Herkunft, ihrer Per-
sönlichkeit, ihren Wertvorstellungen so unterschiedlich wie
ihre Arbeitsfelder: Intendantin, Entwicklungshelferin und

Blätterbare Leseprobe
und einfache Bestellung unter:
www.expertverlag.de/3237

Vorstandsmitglied der Berliner Verkehrsbetriebe, Pilotin, Fotografin, Mitglied des Bundestages und viele
weitere. Es sind kinderlose Frauen, Mütter, berufserfahrene Frauen, die miterlebt haben, wie sich das
Berufsleben für Frauen im Laufe der Jahre verändert hat, sowie Berufseinsteigerinnen, die vor kurzem
noch vor denselben Fragen standen wie Du jetzt.Lass Dich von diesen Frauen inspirieren!

Für wen ist das Buch interessant:
Allen jungen Frauen, die das Abi bereits bestanden haben oder es anstreben, bietet das Buch ausge-
zeichnete Perspektiven, Möglichkeiten und Vorbilder, um ihren Weg privat und im Beruf zu finden. Auch
LehrerInnen und BerufsberaterInnen finden eine breite Übersicht für Beratung oder für Themeneinheiten
zur Berufsfindung. – Auch jungen Männern sollte dieses Buch nicht vorenthalten bleiben.

Die Autorinnen:
Vivien Gröning, geb. 1982 in Schleswig-Holstein, arbeitet als IT-Projektleiterin an internationalen Projek-
ten in Zürich. Als Diplom-Kauffrau hat sie in Baden-Württemberg an Schulen Kompetenzanalyseverf-
fahren zur Stärkenanalyse bei Jugendlichen geleitet. Durch Studien- und Arbeitserfahrungen in Frank-
reich, Italien und Irland kennt sie die kulturellen Unterschiede bei der Erwerbstätigkeit von Frauen. –
Kirsten Sass, geb.1975, arbeitet als freie Journalistin und ist u.a. für die Öffentlichkeitsarbeit einer
großen Non-Profit-Organisation zuständig. Zudem leitet sie in Kooperation mit dem Thalia Theater ein
Projekt mit neuzugewanderten Jugendlichen. Nach dem Studium der Germanistik lehrte sie an der
Universität Hamburg am Fachbereich Medienkultur. Sie ist Mutter einer Tochter.

Bestellhotline:
Tel: 07159 / 92 65-0 • Fax: -20
E-Mail: expert@expertverlag.de

Gunter Meier

Die E-Mail-Flut bewältigen

E-Mails richtig organisieren – Professionell kommunizieren – Massenaufkommen eindämmen – Kommunikationskultur entwickeln

5. überarbeitete Auflage 2014, 110 S., 23,80 €, 41,90 CHF
(Praxiswissen Wirtschaft, 81)
ISBN 978-3-8169-3229-1

Zum Buch:

E-Mails sind heute aus der geschäftlichen Kommunikation nicht mehr wegzudenken. Meistens erhalten die Mitarbeiter von heute auf morgen ihre eigene Mail-Adresse, aber keine Regeln und Anleitungen, wie sie im Sinne des Unternehmens das neue Medium nutzen sollten. Die Folgen sind allgegenwärtig: Immer mehr Mitarbeiter leiden unter Mail-Überflutung, und die Außenwirkung vieler Unternehmen ist durch die unkontrollierte und uneinheitliche Korrespondenz der Mitarbeiter katastrophal. – Dieses Buch schafft Abhilfe: Der Autor beschreibt, wie E-Mail-Nutzer die Masse an elektronischer Post am besten bewältigen können und selbst richtig kommunizieren.

Inhalt:

Weshalb das Thema so wichtig ist – Wie Sie Ihren elektronischen Schreibtisch professionell organisieren und einrichten – Die Ablage von E-Mails – Erfolgsfaktor Nr. 1: Wie Sie methodisch richtig arbeiten – Auf große Mailaufkommen richtig reagieren – Gut kommunizieren: keine neue E-Mail-Flut erzeugen – Was Sie noch über gute Kommunikation wissen sollten – Rechtsfragen im Umgang mit E-Mails – Aus der Praxis, für die Praxis

Blätterbare Leseprobe und einfache Bestellung unter: www.expertverlag.de/3229

Die Interessenten:

– Angestellte und Selbständige, die im Berufsalltag mit E-Mails arbeiten und sich hier weiter qualifizieren möchten – Abteilungsleiter, die »elektronische Kommunikation« als Führungsaufgabe erkannt haben – Personal- und Weiterbildungsverantwortliche als Grundlage für firmeninterne Schulungsprogramme – Führungskräfte, die eine E-Mail-Kommunikationskultur entwickeln möchten, um nach innen Produktivitätsfortschritte und nach außen eine positive Wirkung zu erzielen

Rezensionen:

»Das Buch vermittelt die notwendige Medienkompetenz.«   *innovative Verwaltung*

»Praktische Tipps für den Umgang mit E-Mails im beruflichen Alltag sowie Anleitungen zur Entwicklung einer E-Mail-Kommunikationskultur machen das Buch zu einem informativen Ratgeber für Angestellte und Selbständige genauso wie für Führungskräfte, Personal- und Weiterbildungsverantwortliche.«

Acquisa

Der Autor:

Gunter Meier hat sich als freier Berater und Trainer auf die Themen »E-Mail-Kommunikation« sowie »Informationsflut am Arbeitsplatz« spezialisiert. Bevor er sich als Berater selbständig machte, war er in der Industrie in verschiedenen Funktionen tätig, davon mehrere Jahre in Führungspositionen. Seine Lösungsansätze sind deshalb nicht graue Theorie, sondern kommen mitten aus der Praxis.

Bestellhotline:

Tel: 07159 / 92 65-0 • Fax: -20
E-Mail: expert@expertverlag.de

Dipl.-Volksw. K. Georg Müller-Klement,
Dr. Peter Rüffert

Zielwirksam arbeiten

**Wege zu einem zufriedenen Leben.
Ein Arbeitsbuch für Vielbeschäftigte**

16., durchges. Aufl. 2014, 106 S., 19,80 €, 35,20 CHF
(expert taschenbücher, 5)
ISBN 978-3-8169-3227-7

Zum Buch:

Der Leser erhält einen Überblick über Methoden und Instrumente, die sich in der täglichen Praxis bewährt haben, und entwickelt auf dieser Basis individuell sein persönliches Zeitsystem.
Zu den folgenden Fragen gibt das vorliegende Buch praxisorientierte Antworten: Wie kann man sich motivierende Ziele setzen? – Mit welchen Methoden kann man seine Zeit effektiv strukturieren? – Wie erreicht man eine professionelle, entlastende Arbeitsplatzorganisation?
Zahlreiche Übungen, viele Praxis-Tipps, ein realistischer »Maßnahmenplan« und die intensive Beschäftigung mit psychologischen Aspekten der Umsetzung sind die Basis für langfristigen Erfolg.

Inhalt:

Selbstmanagement: ein Leitfaden – Bestandsaufnahme: Stil- und Situationsanalyse – Zeitsouveränität: Ressourcenschonende Verhaltensstile – Zielsetzung: Perspektiven für den Alltag – Prioritäten: Konzentration auf das Wichtige – Planung: Aufgabenbearbeitung gezielt vordenken – Bewährung im Alltag: Leistung durch Strukturierung – Kommunikation: Effizienz durch konsequentes Handeln – Umsetzung in die Praxis: Ihr Maßnahmenplan

Blätterbare Leseprobe
und einfache Bestellung unter:
www.expertverlag.de/3227

Die Interessenten:

– Führungskräfte
– Nachwuchs-Führungskräfte
– Mitarbeiter mit eigener Dispositions- bzw. Projektverantwortung

Rezensionen:

»Das Buch überzeugt, weil der Autor bei sich bzw. der Leserschaft mit dem Zeitmanagement beginnt: Kein Wort ist zuviel. «
Zeitschrift für Bildungsverwaltung

Bestellhotline:
Tel: 07159 / 92 65-0 • Fax: -20
E-Mail: expert@expertverlag.de